Admiral
Seite 12

Distelfalter
Seite 13

Kaisermantel
Seite 14

Sechsfleck-Widderchen
Seite 18

Taubenschwänzchen
Seite 19

Hausmutter
Seite 20

Blaugrüne Mosaikjungfer
Seite 24

Plattbauch
Seite 25

Hufeisen-Azurjungfer
Seite 26

Glühwürmchen
Seite 29

Rotgelber Weichkäfer
Seite 30

Siebenpunkt-Marienkäfer
Seite 31

Rothalsbock
Seite 35

Haselnussbohrer
Seite 36

Wasserläufer
Seite 37

Hornisse
Seite 40

Wespe
Seite 41

Eichengallwespe
Seite 42

Bärbel Oftring

Was krabbelt denn da?

Insekten • Spinnen • Tausendfüßer • Asseln

KOSMOS

Impressum

Mit Illustrationen von:
Marianne Golte-Bechtle/Kosmos: S. 11 o.; 12; 13; 14; 16 r.u.; 19; 22; 23; 28; 31; 33; 34; 35; 36; 37; 40; 44; 45; 46; 47; 50; 51; 53; 54; 55 r.; 56; 57; 60; 61; 66; 67 l.; 68 o.; 69; 70; 71; 73. Esther von Hacht: S. 29; 62 l. Wolfgang Lang: S. 8; 79; 84; 85. Gerhard Schmid: S. 18; 25; 43; 47 o.r.; 65 l., u.; 81; 88; 89. Steffen Walentowitz: S. 10; 15; 16; 17; 20; 21; 24; 26; 30; 32; 41; 42; 48 l.; 49; 55 l.; 58; 62 r.; 63; 65 r.; 67 r.; 75. Jürgen Willbarth: S. 11 u.; 27; 31 u.; 37 r.; 38; 39; 46 r.; 47 l.; 48 r.; 52; 59; 64; 68 u.; 72; 74.

Mit Farbfotos von:
Heiko Bellmann: S. 18; 20; 25; 26; 27; 29; 33; 40; 44; 52; 60; 61; 63; 66; 80 r.; 81; 90 r. Frank Hecker: S. 9; 13; 21; 30; 32; 35; 36; 42; 45; 53; 55; 64; 71; 72; 74; 76; 77; 79; 82; 83 l.; 86; 87; 89; 90 l.; 91 o. Hecker/Sauer: S. 49; 75; 83 r.; 85. Fotolia.com/PeJo: S. 15; Fotolia.com/WoGi: S. 22; Fotolia.com/Bernd Rehorst: S. 23; Fotolia.com/fox111184: S. 41; Fotolia.com/eil78: S. 59; Fotolia.com/contrastwerkstatt: S. 80 l.; Fotolia.com/Martin Kreutz: S. 91 u.; Fotolia.com/Stefan Lipke: S. 91 m.r. fotonatur.de/Stephan Ott: S. 90. Panthermedia/Dieter Möbus: S. 39. Gartenschatz GmbH/Schön: S. 10; 15; 16; Gartenschatz GmbH/Bajohr: S. 17; 19; Gartenschatz GmbH/Philipp Gilbert: S. 51. Wikimedia/Geiserich77: S. 14; Wikimedia/Masor: S. 54.

Mit 5 Symbolen von Sigrid Walter, Würzburg.

Umschlaggestaltung von Init GmbH, Bielefeld unter Verwendung eines Fotos von Fotolia.com/thongsee (Nashornkäfer) sowie von shutterstock.com/M. Sokolovskaya (Mädchen) und auf der Umschlagrückseite von einer Illustration von Gerhard Schmid (Blaugrüne Mosaikjungfer).

Unser gesamtes lieferbares Programm und viele weitere Informationen zu unseren Büchern, Spielen, Experimentierkästen, DVDs, Autoren und Aktivitäten findest du unter **kosmos.de**

Gedruckt auf chlorfrei gebleichtem Papier

© 2013, Franckh-Kosmos Verlags-GmbH & Co. KG, Stuttgart
Alle Rechte vorbehalten
ISBN: 978-3-440-13523-5
Redaktion: Teresa Baethmann
Gestaltungskonzept: Britta Petermeyer
Satz: Walter Typografie & Grafik GmbH
Produktion: Verena Schmynec
Printed in Italy / Imprimé en Italie

Haftungsausschluss:
Alle Angaben in diesem Buch erfolgen nach bestem Wissen und Gewissen. Sorgfalt bei der Umsetzung ist indes dennoch geboten. Der Verlag und die Autorin übernehmen keinerlei Haftung für Personen-, Sach- oder Vermögensschäden, die aus der Anwendung der vorgestellten Materialien und Methoden entstehen können.

Inhalt

Los geht's!	S. 6 – 9
Schmetterlinge und Libellen	S. 10 – 26
Käfer und Wanzen	S. 27 – 39
Bienen, Wespen, Ameisen und Fliegen	S. 40 – 56
Heuschrecken, Ohrwürmer und Silberfischchen	S. 57 – 65
Spinnen, Asseln und Tausendfüßer	S. 66 – 75
Expedition in die Natur	S. 76 – 91
Register	S. 92 – 93

Los geht's!

Hallo, liebe Insektenfreundin und lieber Insektenfreund!

In diesem Buch findest du 66 unserer häufigsten Insekten, Spinnen und andere Krabbeltiere, die du kennen solltest. Es gibt sie überall: in Gärten, Parks und Wäldern, auf Wiesen und Feldern, in und an Bächen, Teichen und Seen, bei dir im Garten, im Haus oder in der Wohnung. Um Insekten von Spinnen und anderen Krabbeltieren zu unterscheiden, musst du nur die Beine zählen: Alles, was sechs Beine hat, ist ein Insekt.

Bestimmen leicht gemacht

Die jeweilige Farbe am oberen Rand jeder Seite hilft dir bei der Suche nach den verschiedenen Krabbeltierarten. Damit du dich leichter zurechtfindest, stehen ähnlich aussehende Tiere beisammen:

Insekten mit sechs Beinen:

Keine Insekten:

Die Zeichnungen bei den Farbstreifen zeigen dir die Tiere der jeweiligen Kapitel.

Außerdem findest du auf jeder Seite noch folgende Zeichen:

Der Text neben dieser Landschaft verrät dir, wo du das Krabbeltier am ehesten finden kannst. Lebt es im Wald oder auf der Wiese, kommt es sehr häufig vor oder ist es eher selten?

Damit du ungefähr abschätzen kannst, wie groß das Insekt oder die Spinne ist, steht neben der Größenangabe in Zentimetern ein Zeichen, das dir zeigt, ob das Tier klein, mittelgroß oder groß ist:

Dieses Zeichen bedeutet, dass das Tier kleiner als 1 cm ist. Die Blattlaus oder die Essigfliege sind zum Beispiel nur so groß wie ein Stecknadelkopf.

Siehst du dieses Zeichen, ist das Tier bis zu 2,5 cm groß und passt auf deinen Fingernagel. Der Marienkäfer oder die Mauerassel gehören zum Beispiel dazu.

Dieses Zeichen steht bei Tieren, die über 2,5 cm groß sind. Die Mosaikjungfer und die Hornisse gehören zu diesen großen Krabbeltieren.

Die **farbige Leiste** unten auf jeder Seite zeigt dir auf einen Blick, wann du das Tier entdecken kannst. Die Honigbiene beispielsweise fliegt auch an warmen Wintertagen, darum kannst du sie von Januar (abgekürzt Jan) bis Dezember (abgekürzt Dez) beobachten. Anders der Kaisermantel, ein Schmetterling: Er fliegt nur von Juni bis September.

Die **große Zeichnung** zeigt dir, wie das Krabbeltier aussieht. Manche Körperteile sind beschriftet, damit du deutlicher die typischen Merkmale der Art erkennen kannst. Allerdings zeigt diese Zeichnung nicht die tatsächliche Größe des Tieres. Um zu wissen, wie groß es ist, schau dir die Größen-Zeichen an.

Los geht's!

Die hellblauen **Wichtig zu wissen!**-Kästen verraten dir interessante Zusatzinfos über unsere Insekten und Spinnen. Die grünen **Schau genau!**- und die gelben **Mach mit!**-Kästen geben dir Tipps zum Beobachten und Selbermachen. In den orangefarbenen **Erstaunlich!**-Kästen findest du verblüffendes Detailwissen oder Rekorde.

Der **Vorsicht!**-Kasten warnt dich vor Krabbeltieren, die schmerzhaft beißen oder stechen können. Diese Tiere solltest du auf keinen Fall mit den Fingern anfassen oder in die Hand nehmen. Manche Menschen reagieren auf einen Biss oder Stich auch allergisch und müssen dann zum Arzt.

Vorsicht!

Insekten, Spinnen und die anderen Krabbeltiere sind zarte Wesen. Du kannst sie ganz leicht verletzen oder gar töten, wenn du nicht aufpasst. Fang deshalb die Tiere immer ganz vorsichtig und nimm sie behutsam in die Hand. Gehe achtsam mit ihnen um und sorge dafür, dass sie wohlbehalten leben bleiben. Am besten betrachtest du die Tiere nur mit deinen Augen und fasst sie nicht an.

Insekt oder Spinne?

Die Frage kannst du ganz leicht beantworten, wenn du die Beine zählst: Insekten haben immer **sechs Beine**, Spinnen stets **acht Beine**. Asseln, Tausend- und Hundertfüßer haben mehr als acht Beine und sind daher weder Insekten, noch Spinnen.

Doch es gibt noch ein weiteres Unterscheidungsmerkmal, der Insektenkörper besteht aus drei Teilen:

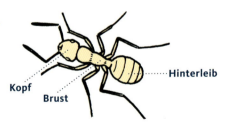

Kopf · Brust · Hinterleib

An der Brust sitzen die drei Beinpaare und die Flügel, wenn das Insekt welche besitzt. Der Körper der echten Spinnen hingegen besteht nur aus zwei Teilen – dem Vorderteil und dem Hinterleib. Vorne am Vorderteil befinden sich der Kopf und die vier Beinpaare.

Und außerdem ...

Du willst ja sicherlich nicht nur Insekten, Spinnen und andere Krabbeltiere bestimmen, sondern auch noch Spannendes erfahren und erleben. Dann blättere rasch auf die Seiten 76 bis 91. Dort erfährst du beispielsweise, welche verschiedenen Jagdstrategien Spinnen entwickelt haben oder wie du ein Insektenhotel bauen kannst. Außerdem findest du dort weitere Infos, zum Beispiel welche Insekten und Spinnen im Wasser leben oder welche fantastischen Rekorde Insekten auf der ganzen Welt halten.

Raus in die Natur!

In Haus und Garten, Park und Wald und auf der Wiese findest du die meisten Insekten, Spinnen und andere Krabbeltiere aus diesem Buch. Allerdings wirst du sicherlich noch viel mehr kleine Tiere entdecken, die in diesem Buch nicht beschrieben sind, denn bei uns gibt es so viele verschiedene Insekten und Spinnen.

Um Insekten und Spinnen bestimmen zu können, brauchst du außer dem Buch nicht viel. Mit einer Lupe oder Becherlupe kannst du dir wichtige Merkmale noch genauer ansehen. Und wenn du dir etwas notieren möchtest, brauchst du natürlich noch Stift und Papier.

Lupe

Nun aber raus in die Natur und viel Freude beim Bestimmen und selbst Erleben!

Das Tagpfauenauge

Dieses Insekt kennst du bestimmt. Es ist unser bekanntester Schmetterling. Da er als fertiges Insekt auch in Gebäuden überwintert, kannst du das Tagpfauenauge schon an den ersten warmen Märztagen beobachten. Der Falter sitzt gern mit ausgebreiteten Flügeln in der Sonne und tankt Wärme.

Erstaunlich!

Die großen Flecken auf den Flügeln sehen wie Augen aus. Mit ihnen täuschen die Schmetterlinge Vögel und andere Fressfeinde: Sie meinen, dass sie in die Augen eines viel größeren Tieres schauen – und lassen die Jagd auf das Tagpfauenauge lieber sein.

Die Flügel des Tagpfauenauges sind mit winzigen Schuppen bedeckt.

Das Tagpfauenauge ist der häufigste heimische Schmetterling, der in Gärten, Parks und lichten Wäldern vorkommt. Die schwarzen stacheligen Raupen fressen Brennnesseln. Die hübschen Falter naschen gern an nektarreichen Blüten wie denen des Sommerflieders.

Die Spannweite der ausgebreiteten Flügel beträgt 5 bis 6 cm.

Das Tagpfauenauge fliegt von März bis Oktober.

Der Kleine Fuchs

Bereits im Februar saugt der Kleine Fuchs an Huflattich- und Weidenblüten, denn auch diese Art überwintert als fertiger Schmetterling. Im Frühling legt das Weibchen bis zu 200 Eier an Brennnesseln ab. Die Raupen spinnen sich gemeinsam in ein großes Gespinst ein, das du im Frühsommer auf den Futterpflanzen entdecken kannst.

Schau genau!

Der Kleine Fuchs sitzt wie alle Edelfalter nur mit vier Beinen auf Blatt und Blüte. Die beiden vordersten Beine sind nämlich ganz kurz. Es sind keine Laufbeine, sondern werden zum Putzen eingesetzt.

Auch der Kleine Fuchs ist ein sehr häufiger Schmetterling. Er kommt überall vor, wo genügend nektarreiche Blumen wie Sommerflieder, Astern und Kratzdisteln wachsen. Die schwarzen stacheligen Raupen mit den gelben Längsstreifen fressen Brennnesseln.

Die Spannweite der ausgebreiteten Flügel beträgt 4 bis 5 cm.

Der Kleine Fuchs fliegt von Februar bis Oktober.

| Feb | Mär | Apr | Mai | Jun | Jul | Aug | Sep | Okt | Nov | Dez |

Schmetterlinge und Libellen

Der Admiral

Dieser hübsche Schmetterling verdankt seinen Namen der Flügelfärbung, die an die Uniform eines Admirals erinnert. Der Admiral saugt gern den süßen Nektar von Sommerblumen und im Herbst den klebrigen Saft von herabgefallenen Zwetschgen und anderem Fallobst.

Wichtig zu wissen!

Wenn du einen Admiral schon im März oder April siehst, dann hat dieser bei uns den Winter verbracht. Die meisten Admirale sterben aber beim ersten Frost. In milderen Wintern überleben immer öfter einzelne Tiere die kalte Jahreszeit an frostfreien Plätzen.

Der Admiral lebt eigentlich in Südeuropa. Im Spätfrühling und Sommer kommt er oft in großen Massen über die Alpen zu uns. Häufig kannst du ihn dann in Gärten, auf Blumen- und Obstwiesen und am Waldrand entdecken.

Die Spannweite der ausgebreiteten Flügel beträgt 5 bis 6 cm.

Der Admiral fliegt von Mai bis November.

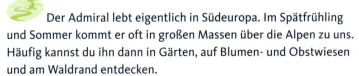

Schmetterlinge und Libellen

Der Distelfalter

Auch der Distelfalter ist wie der Admiral ein Wanderfalter. Er verbringt den Winter in Nordafrika und legt schon zeitig im Jahr die ersten Eier an Pflanzen im Mittelmeerraum ab. Die sich daraus entwickelnden Schmetterlinge ziehen in großen Scharen nordwärts über die Alpen zu uns. Im Sommer wandern manche wieder zurück in den Süden. Die Falter, die bei uns bleiben, sterben nach den ersten Frostnächten im Spätherbst.

Mach mit!

Schmetterlinge können nicht nur von süßem Nektar leben, sie brauchen auch Salze. Dazu saugen sie zum Beispiel an offenen mineralienreichen Bodenstellen. Du kannst ihnen aber auch ein Stückchen Steinsalz in den Garten legen.

Den Distelfalter kannst du häufig auf Wiesen, an Wegrändern und in Kiesgruben antreffen, wo Disteln wachsen. Er kommt sogar mitten in den Städten vor.

Die Spannweite der ausgebreiteten Flügel beträgt 4,5 bis 6 cm.

Der Distelfalter fliegt von April bis Oktober.

| Feb | Mär | Apr | Mai | Jun | Jul | Aug | Sep | Okt | Nov | Dez |

Der Kaisermantel

Dieser hübsche Schmetterling fliegt an warmen Sommertagen. An kühlen Tagen ruht er in den Baumkronen. Im Sommer legt das Weibchen seine Eier in der Nähe von Veilchen ab. Die kleinen Räupchen, die im Spätsommer schlüpfen, suchen sich gleich ein frostfreies Versteck. Dort überwintern sie. Erst im Frühjahr beginnen die dunkelbraunen Raupen mit den zwei gelben Rückenstreifen an den Veilchenblättern zu futtern und sich zu Schmetterlingen zu entwickeln.

Schau genau!

Wenn du zwei tanzende Kaisermantel siehst, könnten das ein Männchen und ein Weibchen vor der Paarung sein. Dann umfliegt das Männchen das Weibchen und gibt dabei duftende Lockstoffe in die Luft. Zur Paarung landet das Weibchen auf einem Ast und streckt dem Männchen seinen Hinterleib entgegen.

Den Kaisermantel kannst du häufig an sonnigen Wald- und Wegrändern sowie Lichtungen im Wald entdecken, wenn dort Wasserdost, Kratzdisteln, Wald-Engelwurz und andere hohe Blumen blühen.

Die Spannweite der ausgebreiteten Flügel beträgt 5,5 bis 6,5 cm.

Der Kaisermantel fliegt von Juni bis September.

| Jan | Feb | Mär | Apr | Mai | Jun | Jul | Aug | Sep | Okt | Nov | Dez |

Schmetterlinge und Libellen

Der Kohlweißling

Die Raupen des Kohlweißlings kannst du vor allem auf den Blättern verschiedener Kohlsorten entdecken, die auf Feldern und in Gärten angebaut werden. Der fertige Schmetterling saugt am liebsten an roten und violetten Blüten, etwa von Klee, Luzerne oder Sommerflieder. Das Weibchen erkennst du an den zwei schwarzen Punkten auf jedem Vorderflügel.

Hier saugt ein Kohlweißling-Weibchen.

Mach mit!

Wenn du in deinem Gemüsebeet kleine schwarz-grünlich gemusterte Räupchen entdeckst, setze sie mit einem frischen Kohlblatt in ein leeres Gurkenglas und decke es mit einem luftdurchlässigen Stoff zu. Bald hast du deine eigene Schmetterlingszucht. Füttern nicht vergessen!

Der Große Kohlweißling lebt wie sein etwas kleinerer Bruder, der Kleine Kohlweißling, auf Gemüsefeldern und in Gärten. Er war früher häufig, wird heute aber zunehmend seltener.

Die Spannweite der ausgebreiteten Flügel beträgt 5 bis 6,5 cm.

Der Kohlweißling fliegt von April bis Oktober.

Schmetterlinge und Libellen

Der Zitronenfalter

Der leuchtend gelbe Zitronenfalter ist der erste Schmetterling des Jahres, der schon an milden Wintertagen unterwegs ist. Dann sucht er gern die ersten blühenden Weidenkätzchen und Huflattichblüten auf. Zitronenfalter werden fast ein Jahr alt und gehören damit zu den Schmetterlingen mit der höchsten Lebenserwartung.

Erstaunlich!

Zitronenfalter überwintern als fertige Insekten ungeschützt auf einem Ästchen sitzend. Damit sie im kalten Winter nicht einfrieren, enthält ihre Körperflüssigkeit – so wie das Wischwasser im Auto – ein Frostschutzmittel.

Weibchen

Männchen

Mischwälder und Hecken sind der Lebensraum des Zitronenfalters. Die grasgrünen Raupen fressen die Blätter von Faulbaum und Kreuzdorn, zwei typischen Wildsträuchern im Gebüsch.

Raupe

Die Spannweite der ausgebreiteten Flügel beträgt 5 bis 5,5 cm.

Der Zitronenfalter fliegt von Februar bis September.

| Jan | Feb | Mär | Apr | Mai | Jun | Jul | Aug | Sep | Okt | Nov | Dez |

Schmetterlinge und Libellen

Der Hauhechel-Bläuling

Beim Hauhechel-Bläuling kannst du Männchen und Weibchen gut unterscheiden. Das Männchen besitzt leuchtend blaue Flügel, die schwarz-weiß gesäumt sind. Die Flügel der Weibchen sind bläulich braun mit orangefarbenen Flecken an den Rändern. Seinen Namen verdankt der Falter dem Hauhechel, einer Futterpflanze der hellgrünen Raupen.

Weibchen

Männchen

Erstaunlich!

Das Blau in den Flügeln sind keine Pigmente, sondern entsteht, wenn das Sonnenlicht auf diesen Flügelflächen reflektiert wird. Darum leuchten Bläulinge im Sonnenlicht ganz besonders intensiv.

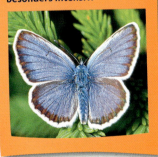

Dieser Bläuling ist weit verbreitet. Das liegt daran, dass seine Raupen die Blüten und Blätter von häufig vorkommenden Hornklee, Hauhechel, Luzerne und Weißklee fressen. Diese wachsen an Weg- und Waldrändern, in Kiesgruben und auf blütenreichen Wiesen.

Die Spannweite der ausgebreiteten Flügel beträgt 2,5 bis 3 cm.

Der Hauhechel-Bläuling fliegt von Mai bis Oktober.

| Feb | Mär | Apr | Mai | Jun | Jul | Aug | Sep | Okt | Nov | Dez |

Schmetterlinge und Libellen

Das Sechsfleck-Widderchen

Wegen der blutroten Flecken auf den schwarzen Vorderflügeln wird dieser Falter auch Blutströpfchen genannt. Die schwarzen Fühler am Kopf mit den keulenartig verdickten Enden kannst du mit bloßem Auge gut erkennen.

Schau genau!

Tagsüber versammeln sich Sechsfleck-Widderchen gern zu mehreren auf Blüten. Sie bleiben lange sitzen, wenn du dich ihnen näherst. Ihr Schutz ist die schwarz-rote Körperfärbung, die Vögeln und anderen Fressfeinden zeigt: „Ich bin giftig!" Auch die gelbgrünen Raupen mit den schwarzen Punkten sind giftig.

Das Sechsfleck-Widderchen lebt auf sonnigen und blütenreichen Wiesen, an Wegrändern im Wald, in Kiesgruben und sogar auf Bergwiesen bis in 2 500 m Höhe. Er ist die häufigste der 30 verschiedenen Widderchenarten.

Der Körper ist bis zu 1,5 cm lang.

Das Sechsfleck-Widderchen fliegt von Mai bis September.

| Jan | Feb | Mär | Apr | Mai | Jun | Jul | Aug | Sep | Okt | Nov |

Schmetterlinge und Libellen

Das Taubenschwänzchen

Das Taubenschwänzchen mit dem dicken braunen Körper und den orangefarbenen Hinterflügeln stammt aus Südeuropa. In nur zwei Wochen legt es bis zu 3 000 km über die Alpen bis zu uns zurück. Heutzutage überleben einzelne Taubenschwänzchen auch unsere Winter. Du kannst es rund ums Jahr entdecken. Das Taubenschwänzchen fliegt meist morgens und abends.

Erstaunlich!

Um Nektar zu saugen, landet das Taubenschwänzchen nicht auf der Blüte. Stattdessen bleibt es wie ein Kolibri in der Luft stehen und versenkt seinen langen Saugrüssel im Blütenkelch. So kann dieser Falter über 100 Blüten in fünf Minuten besuchen.

Das Taubenschwänzchen kann überall auftauchen, wo nektarreiche Blüten blühen, selbst an Balkonkästen.

Die Spannweite der ausgebreiteten Flügel beträgt 3,5 bis 5 cm.

Das Taubenschwänzchen fliegt das ganze Jahr über.

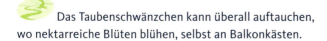

Die Hausmutter

Sitzt die Hausmutter an der Wand, siehst du nur die rotbraunen bis grauen Vorderflügel. Wenn sich der Falter bedroht fühlt, öffnet er ruckartig die Vorderflügel. Dann werden die gelborangen Hinterflügel sichtbar. Mit diesem Verhalten will die Hausmutter Fressfeinde abschrecken.

Schau genau!

Ab August kannst du die haarlosen Raupen der Hausmutter an Gemüse, Brombeeren und verschiedenen Kräutern entdecken. Sie sind sehr unterschiedlich gefärbt, manche sind braun, andere grün oder gar gelblich. Sie überwintern an krautigen Pflanzen und erreichen im folgenden Frühjahr Längen von bis zu 5 cm. Dann verpuppen sie sich zu den fertigen Insekten.

Die nachtaktive Hausmutter kommt in Wäldern, Gärten, Parks, Feld- und Wiesenlandschaften häufig vor. Da sie sich von Licht anlocken lässt, fliegt sie auch gern in beleuchtete Zimmer. So kam sie auch zu ihrem Namen.

Die Spannweite der ausgebreiteten Flügel beträgt 4,5 bis 5,5 cm.

Die Hausmutter fliegt von Juni bis Oktober.

Der Eichen-Prozessionsspinner

Dieser Falter kam wegen seiner langhaarigen Raupen mit dem breiten schwarzen Band auf dem Rücken in die Schlagzeilen. Sie besitzen viele kurze Brennhaare, die mit bloßem Auge nicht sichtbar sind. Wenn sich die Raupen bedroht fühlen, schießen sie die Brennhaare ab. Gelangen diese auf die Haut, in die Augen oder in die Lunge, können sie zu heftigen allergischen Reaktionen führen. Dort, wo die Raupen massenhaft auftreten, kann das gefährlich werden.

Wichtig zu wissen!

Dieser Nachtfalter verdankt seinen Namen dem Verhalten der Raupen. Sie leben in einem dichten Gespinst in den Kronen der Eichen. Wenn sie abends auf Nahrungssuche gehen, bilden sie eine lange Schlange. Diese Prozession aus Raupen kann bis zu 10 m lang sein.

Vorsicht! Von den haarigen Raupen fernhalten!

Der nachtaktive Eichen-Prozessionsspinner kommt in Eichenwäldern und Parks mit Eichen vor. Früher war er bei uns selten, wegen der Klimaerwärmung breitet er sich immer mehr aus.

Die Spannweite der ausgebreiteten Flügel beträgt rund 2,5 cm.

Der Eichen-Prozessionsspinner fliegt von Juli bis September; die Raupen findest du ab Mitte April.

Schmetterlinge und Libellen

Die Gammaeule

Die graue bis braune Gammaeule besitzt ein weißes y-Zeichen auf dem Vorderflügel, das an den griechischen Buchstaben Gamma erinnert. Obwohl sie zu den Nachtfaltern gehört, ist die Gammaeule auch tagsüber unterwegs. Besonders häufig kannst du ihr im Spätsommer und Herbst begegnen. Wenn sie auf einer Blüte zum Nektarsaugen landet, behält sie die Flügel meist leicht geöffnet. So kann sie jederzeit rasch fliehen.

Wichtig zu wissen!

Die Gammaeule kann bei uns nur in warmen Gebieten den Winter überleben. Da sie auch in Südeuropa vorkommt, wandern jeden Sommer zahlreiche Falter zu uns.

Die Gammaeule ist sehr häufig. Sie kommt in Gärten, auf Wiesen, Feldern und Heideflächen vor. Die hellgrünen Raupen fressen verschiedene Pflanzen, auch Kohl, Löwenzahn und Brennnesseln.

Raupe

Die Spannweite der ausgebreiteten Flügel beträgt 3,5 bis 4 cm.

Die Gammaeule fliegt von März bis November.

Die Dörrobstmotte

Die Flügel der Dörrobstmotte sind vorne grau und hinten kupferrot mit dunklen Querstreifen. Wenn du diese kleine Motte in der Wohnung entdeckst, solltest du Nüsse, Schokolade, Mehl, Getreide, Rosinen, Trockenfrüchte und Tee nach den weißen, bis zu 17 mm langen Raupen mit braunem Kopf durchsuchen. Sie durchziehen die befallenen Lebensmittel mit einem dichten Gespinst.

Reis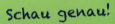

Schau genau!

Auch die ockergelben, silbrig glänzenden Kleidermotten können in der Wohnung leben. Die bis zu 1 cm langen weißen Raupen ernähren sich von Wolle, Baumwolle, Leinen und Seide. Sie hinterlassen Löcher in den befallenen Kleidungsstücken. Zum Schutz kannst du Lavendelsäckchen in den Kleiderschrank hängen.

Als Vorratsschädling kommt sie auf der ganzen Welt in Küchen, Vorratslagern und Speisekammern vor.

Die Spannweite der ausgebreiteten Flügel beträgt 1,3 bis 2 cm.

Die Dörrobstmotte fliegt das ganze Jahr über.

Schmetterlinge und Libellen

Die Blaugrüne Mosaikjungfer

Die Blaugrüne Mosaikjunger ist eine unserer häufigsten Libellen. Ihr schwarzer Körper ist leuchtend grün und blau gefleckt. Libellen können nicht stechen! Sie sind rasante Flieger, die ihre vier Flügel unabhängig voneinander bewegen und wie ein Hubschrauber in der Luft stehen bleiben können. In rasanten Flugattacken erbeuten sie fliegende Insekten.

Erstaunlich!

Die großen Augen der Libellen bestehen aus rund 30 000 Einzelaugen. Sie nehmen fast den ganzen Kopf ein. Dadurch haben die Libellen einen perfekten Rundumblick.

Diese Großlibelle kommt an allen Teichen und Seen vor, auch am Gartenteich. Auf ihren langen Jagdzügen verlässt sie die nähere Umgebung des Gewässers. Wundere dich nicht, wenn du sie beim Jagen auf einem Waldweg beobachtest.

Die Spannweite der ausgebreiteten Flügel beträgt bis zu 11 cm.

Die Blaugrüne Mosaikjungfer fliegt von Juni bis November.

| Jan | Feb | Mär | Apr | Mai | Jun | Jul | Aug | Sep | Okt | Nov |

Schmetterlinge und Libellen

Der Plattbauch

Die Plattbauchlibelle fällt durch ihren breiten Hinterleib auf, der bei den Männchen blau und bei den Weibchen gelbbraun gefärbt ist. Diese Libellen kannst du sehr gut beobachten: Die Männchen landen nach kurzen Ausflügen immer wieder am selben Platz am Gewässerufer. Dort halten sie nach Beute oder paarungsbereiten Weibchen Ausschau.

Wichtig zu wissen!

Die Larven der Libellen leben am Grund der Gewässer. Sie sind gefährliche Räuber. Mit ihren klappmesserartigen Mundwerkzeugen erbeuten sie sogar Kaulquappen, kleine Fische und andere Wassertiere. Nach zwei Jahren verlassen sie das Wasser und die fertige Libelle schlüpft aus der Larvenhaut.

Der Plattbauch kommt an allen stehenden Gewässern vor. Er ist die erste Libelle, die an einem neu angelegten Gartenteich auftaucht.

Die Spannweite der ausgebreiteten Flügel beträgt 6,5 bis 8 cm.

Der Plattbauch fliegt von Mai bis August.

| Feb | Mär | Apr | Mai | Jun | Jul | Aug | Sep | Okt | Nov | Dez |

Die Hufeisen-Azurjungfer

Die Hufeisen-Azurjungfer kommt häufig bei uns vor. Ganz hinten auf dem langen Hinterleib dieser schlanken Kleinlibelle sitzt das namensgebende schwarze „Hufeisen"-Zeichen. Die Männchen sind leuchtend blau, die Weibchen meist gelblich grün.

Die Hufeisen-Azurjungfer kommt oft in großen Massen an Teichen und in Seebereichen vor, an denen es viele Schwimmblattpflanzen wie See- oder Teichrosen gibt.

Erstaunlich!

Wie alle Kleinlibellen paaren sich auch die Hufeisen-Azurjungfern in der Luft. Dazu ergreift das Männchen mit den Zangen am Hinterleibsende das Weibchen im Nacken. Das Weibchen biegt zur Paarung ihren Hinterleib nach vorne und die beiden bilden ein herzförmiges Paarungsrad. Nach der Paarung fliegen beide zur Wasseroberfläche. Dort legt das Weibchen seine Eier an den schwimmenden Blättern der Wasserpflanzen ab. Erst dann lösen sich die Partner voneinander.

Die Spannweite der ausgebreiteten Flügel ist 4 bis 5 cm.

Die Hufeisen-Azurjungfer fliegt von Mai bis September.

| Jan | Feb | Mär | Apr | Mai | Jun | Jul | Aug | Sep | Okt | Nov | D |

Der Goldlaufkäfer

Kopf, Brust und die längs gerippten Flügeldecken schillern grünlich golden, die Beine des Goldlaufkäfers sind orange. Dieser Käfer wird auch Goldschmied oder Goldhenne genannt. Da er anders als die meisten Laufkäfer tagaktiv ist, kannst du ihn in insektenreichen Gebieten häufig bei der Jagd beobachten.

Wichtig zu wissen!

Täglich frisst der räuberische Laufkäfer dreimal so viel Nahrung wie er selbst wiegt. Da er neben Insekten, Würmern und toten Kleintieren auch Schnecken erbeutet, ist er bei den Gärtnern ein beliebter Nützling. Wer Insektenschutzmittel im Garten verwendet, schadet allerdings damit auch dem Goldlaufkäfer.

Der Goldlaufkäfer lebt auf dem Boden in Wiesen, Feldern und Gärten und am Waldrand.

Der Goldlaufkäfer hat einen Regenwurm erbeutet.

Der Goldlaufkäfer ist 2 bis 3 cm lang.

Der Goldlaufkäfer ist von April bis August unterwegs.

| Feb | Mär | Apr | Mai | Jun | Jul | Aug | Sep | Okt | Nov | Dez |

Der Schwarze Moderkäfer

Auf den ersten Blick sieht der schlanke Schwarze Moderkäfer gar nicht wie ein Käfer aus. Er gehört zu einer Käfergruppe mit kurzen Flügeldecken, die Kurzflügler heißen. In dieser Käfergruppe ist er der größte Käfer bei uns. Er macht Jagd auf Schnecken und Insektenlarven am Boden.

Schau genau!

Fühlt sich der Moderkäfer bedroht, biegt er seinen langen Hinterleib nach vorne und bewegt ihn vor und zurück. Seinen großen Kopf hebt er mit den weit geöffneten Oberkieferzangen an, mit denen er schmerzhaft zubeißen kann. Um sich zu verteidigen, sondert der Käfer auch noch ein stinkendes Sekret ab.

Laubwälder sind der bevorzugte Lebensraum des häufigen Schwarzen Moderkäfers, der auch bei Tag aktiv ist.

Der Schwarze Moderkäfer ist 2 bis 3 cm lang.

Der Schwarze Moderkäfer ist von April bis Oktober unterwegs.

| Jan | Feb | Mär | Apr | Mai | Jun | Jul | Aug | Sep | Okt | Nov |

Das Glühwürmchen

In lauen Sommernächten kannst du winzige Leuchtpünktchen entdecken. Es sind die fliegenden Leuchtkäfermännchen, besser bekannt als Glühwürmchen. Die Weibchen können mit ihren Stummelflügeln nicht mehr fliegen und geben vom Boden aus Leuchtsignale, die die Männchen anlocken sollen. Glühwürmchen nehmen als erwachsene Käfer keine Nahrung mehr zu sich – nur die Larven erbeuten Schnecken.

Männchen

Leuchtorgane am 5. und 6. Hinterleibssegment

Links das flügellose gelblich weiße Weibchen, rechts das Männchen

Erstaunlich!

Das grünliche Licht der Glühwürmchen ist ganz kalt. Es entsteht in den Leuchtorganen, wenn der Leuchtstoff Luciferin mit Sauerstoff reagiert. Interessanterweise leuchten auch die Eier leicht grünlich in der Dunkelheit.

Glühwürmchen kommen in lichten Laubwäldern und Parks, am Waldrand und auf feuchten Wiesen vor. Früher waren sie häufig, heute sind sie selten geworden.

Das Glühwürmchen ist 8 bis 10 mm lang.

Das Glühwürmchen ist im Juni und Juli unterwegs.

Der Rotgelbe Weichkäfer

Der schmale Käfer mit den langen Fühlern fällt durch seine gelb- bis braunrote Färbung auf, die Spitzen der Flügeldecken sind braunschwarz. Neben Pollen frisst der Rotgelbe Weichkäfer auch kleine Insekten und Spinnen.

Schau genau!

Siehst du einen Weichkäfer auf dem Rücken eines Artgenossen, sind das zwei Weichkäfer bei der Paarung. Unten sitzt das Weibchen, oben das Männchen. Nach der Paarung legt das Weibchen seine Eier in den Boden ab. Die Larven wachsen bis zum nächsten Frühjahr heran und verpuppen sich dann zum fertigen Käfer.

Der Rotgelbe Weichkäfer ist einer unserer häufigsten Käfer. Er kommt überall vor, wo Blumen wachsen. Meist entdeckst du ihn auf den weißen Blütenschirmen von Wiesen-Bärenklau und Wilder Möhre.

Der Rotgelbe Weichkäfer ist etwa 1 cm lang.

Der Rotgelbe Weichkäfer ist von Juli bis August unterwegs.

| Jan | Feb | Mär | Apr | Mai | Jun | Jul | Aug | Sep | Okt | Nov |

Käfer und Wanzen

Der Siebenpunkt-Marienkäfer

Auf den roten hochgewölbten Flügeldecken trägt dieser Marienkäfer die namensgebenden schwarzen Punkte. Auf dem Halsschild sitzen seitlich zwei weiße Punkte, der Kopf ist recht klein.

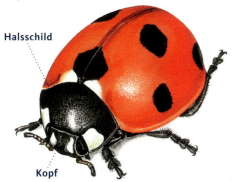

Halsschild

Kopf

Erstaunlich!

Marienkäfer sind eifrige Blattlausjäger. Ein Marienkäfer frisst bis zu 90 Blattläuse an einem Tag. Genauso gefräßig wie die Käfer sind die blaugrauen Larven mit den orange-gelben Flecken: Während ihrer mehrwöchigen Entwicklung zum fertigen Käfer vertilgen sie über 600 Läuse. Früher waren die Menschen dankbar, wenn Marienkäfer die schädlichen Blattläuse in den Gemüsegärten wegputzten. Darum glaubten sie, dieser Käfer sei ein Geschenk der Gottesmutter Maria und gaben ihm den Namen Marienkäfer.

Der Siebenpunkt ist unter den rund 80 heimischen Marienkäferarten der häufigste. Er kommt überall vor, auch in Gärten und Innenstädten.

Larve

An der Anzahl und Form der Punkte lassen sich die Marienkäferarten voneinander unterscheiden. Von links nach rechts: Zweipunkt, Zweiundzwanzigpunkt, Vierfleckiger Kugelmarienkäfer, Zweipunkt (Farbvariante)

Der Siebenpunkt-Marienkäfer ist 5 bis 8 mm lang.

Der Siebenpunkt-Marienkäfer ist das ganze Jahr über aktiv.

| Feb | Mär | Apr | Mai | Jun | Jul | Aug | Sep | Okt | Nov | Dez |

Der Waldmistkäfer

Der Waldmistkäfer ist ein kräftiger schwarzer Käfer, der stahlblau glänzt. Die Flügeldecken sind längs gefurcht. Er besitzt breite Grabbeine. Häufig sitzen kleine rötliche Milben auf dem Käfer, die sich von ihm zu frischen Kothaufen transportieren lassen.

Wichtig zu wissen!

Waldmistkäfer können ausgezeichnet riechen. Männchen und Weibchen finden einen frischen Kothaufen anhand des typischen Geruchs. Dann gräbt das Weibchen in dessen Nähe eine Höhle in den Erdboden, von der mehrere Kammern abgehen. Diese füllen die Käfer mit frischem Kot und je einem Ei. Die Larve ernährt sich vom Kot, überwintert und verpuppt sich im nächsten Jahr zum fertigen Käfer.

Wie der Name schon sagt, lebt dieser Käfer im Wald. Er krabbelt gern auf schattigen Waldwegen über den Boden. Größere Entfernungen legt er in schwerfälligem Flug zurück.

Der Waldmistkäfer ist 1,2 bis 2 cm lang.

Der Waldmistkäfer ist von Mai bis Oktober unterwegs.

| Jan | Feb | Mär | Apr | Mai | Jun | Jul | Aug | Sep | Okt | Nov |

Der Junikäfer

Dieser eckige Käfer sieht wie ein kleiner Maikäfer aus, sein stark behaarter Körper ist allerdings einfarbig hellbraun gefärbt. Die weiße Larve (Engerling) lebt zwei bis drei Jahre in der Erde und verpuppt sich im Frühjahr zum fertigen Käfer.

Der Junikäfer kommt in offenen Landschaften mit Feldern, Blumen- und Ostbaumwiesen, aber auch in Gärten und an Waldrändern vor. In manchen Jahren schwärmen abends um die Sommersonnenwende herum (23. Juni) massenhaft Junikäfer, in anderen Jahren tritt er nur vereinzelt auf.

Schau genau!

Die verwandten Maikäfer sind etwas größer (2 bis 3 cm lang). Sie ernähren sich von Blättern der Laubbäume, am liebsten von Eichen. Früher traten sie in manchen Jahren von April bis Juni so zahlreich auf, dass sie ganze Bäume kahl fraßen. Dann konnte man die knisternden Geräusche der fressenden Käfer hören. Heute sind Maikäfer selten geworden.

Der Junikäfer ist 1,4 bis 1,8 cm lang.

Der Junikäfer ist von Mai bis Juli unterwegs.

| Feb | Mär | Apr | Mai | Jun | Jul | Aug | Sep | Okt | Nov | Dez |

Käfer und Wanzen

Der Rosenkäfer

Die Oberseite des Rosenkäfers glänzt metallisch grüngold, die Unterseite goldrot. Weil die Flügeldecken in der Mitte zusammengewachsen sind, kann der Käfer sie beim Fliegen nicht einzeln hochklappen. Wenn er fliegt, breitet er seine dünnen Flügel seitlich aus.

Mach mit!

Rosenkäfer ernähren sich von Pollen und Nektar verschiedener Sträucher. Wenn du im Garten Schwarzen Holunder, Hartriegel, Weißdorn oder Rosen pflanzt, findet der Käfer reichlich Nahrung.

Der imposante Rosenkäfer lebt an Waldrändern, in Parks, Gärten und anderen gebüschreichen Lebensräumen.

Der Rosenkäfer ist 1,5 bis 2 cm lang.

Der Rosenkäfer ist von Mai bis Oktober unterwegs.

| Jan | Feb | Mär | Apr | Mai | Jun | Jul | Aug | Sep | Okt | Nov |

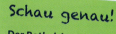

Käfer und Wanzen

Der Rothalsbock

Bei diesem Bockkäfer mit den fast körperlangen schwarzen Fühlern kannst du gut die Männchen von den Weibchen unterscheiden. Die zierlichen Männchen sind gelbbraun mit einem schwarzen Halsschild, die deutlich größeren Weibchen leuchten rotbraun.

Schau genau!

Der Rothalsbock hält sich besonders gern auf weißen Schirmblüten auf. Weil er sich beim Fressen von Blütenteilen nicht stören lässt, kannst du ihn gut dabei beobachten. Auf den Blüten paaren sich auch Männchen und Weibchen. Danach legt das Weibchen seine Eier in morsche Fichten- und Kiefernbaumstämme, von dessen Holz sich die Larven ernähren.

Besonders zahlreich kommt der Rothalsbock an blütenreichen Waldrändern und -lichtungen, aber auch in Gärten vor. Er ist unser häufigster Bockkäfer.

Der Rothalsbock ist 1 bis 2 cm lang.

Der Rothalsbock ist von Juni bis September unterwegs.

| Feb | Mär | Apr | Mai | Jun | Jul | Aug | Sep | Okt | Nov | Dez |

Käfer und Wanzen

Der Haselnussbohrer

Der kleine braune Körper ist fein hell und dunkel beschuppt. Auffallend sind die großen Augen vorne am Kopf und der sehr dünne lange Rüssel, an dem die beiden Fühler rechtwinklig ansitzen.

Wichtig zu wissen!

Wie kommen die Löcher in die Haselnuss? Im Mai und Juni nagt das Weibchen eine junge Haselnuss an und legt ein Ei hinein. Die Larve frisst die Haselnuss in etwa vier Wochen auf. Dann fällt die „taube" Nuss herunter und die Larve bohrt ein Loch in die Schale, durch das sie die Nuss verlässt. Sie vergräbt sich in den Erdboden, überwintert und verpuppt sich im Frühling zum fertigen Käfer.

 Überall, wo Haselnüsse vorkommen, lebt der kleine Haselnussbohrer. Die Larve entwickelt sich nur in Haselnüssen, die Käfer fressen Knospen, junge Triebe und Blätter von verschiedenen Bäumen.

Der Haselnussbohrer ist 6 bis 8 mm lang.

Der Haselnussbohrer ist von Mai bis Juli unterwegs.

| Jan | Feb | Mär | Apr | Mai | Jun | Jul | Aug | Sep | Okt | Nov |

Käfer und Wanzen

Der Wasserläufer

Am schlanken Körper fallen dir sofort die langen Beine auf, mit denen der Wasserläufer wie ein Schlittschuhläufer auf der Wasseroberfläche gleiten kann. Die vorderen Beine sind kurz, mit ihnen fängt der Wasserläufer seine Beute. Wasserläufer gehören übrigens zu den Wanzen.

Mach mit!

Wirf vorsichtig ein kleines Blättchen auf die Wasseroberfläche. Mit etwas Glück kannst du so einen Wasserläufer anlocken. Diese Wanzen bemerken die Bewegung der Wasseroberfläche, die von ins Wasser gefallenen zappelnden Insekten erzeugt werden. Dann schießen sie eilig herbei, um Beute zu machen. Wasserläufer können auch bis zu 10 cm hoch springen.

 Wasserläufer fehlen auf keinem stehenden Gewässer und bewohnen alle Tümpel, Weiher, Teiche und Seen. Da sie gut fliegen können, besiedeln sie rasch neu angelegte Teiche oder frische Wasserpfützen. Bei starkem Wind und Regen halten sie sich am Ufer auf.

Wasserläufer sind so leicht, dass sie das Wasser trägt.

Der Wasserläufer (Körper) ist etwa 1 cm lang.

Der Wasserläufer ist von April bis Oktober unterwegs.

| Feb | Mär | Apr | Mai | Jun | Jul | Aug | Sep | Okt | Nov | Dez |

Käfer und Wanzen

Die Grüne Stinkwanze

Vom Frühjahr bis zum Herbst ist der wappenförmige Körper der Stinkwanze grün gefärbt. Im Herbst färbt sie sich dann in Braun bis Bronzefarben um. Im Frühjahr ist sie wieder leuchtend grün. Am Körperende sind die bräunlichen Flügelspitzen sichtbar.

Schau genau!

Wenn du den Bauch der Grünen Stinkwanze betrachtest, fällt dir dort auf der Brust eine lange Vertiefung auf. In dieser Rinne ruht der lange Stechrüssel, wenn die Wanze ihn gerade nicht benutzt. Stinkwanzen saugen gern an Himbeeren und anderen Beeren, die dann widerlich schmecken.

Die Grüne Stinkwanze kannst du häufig an Lichtungen und Wiesen, am Waldrand und in Gärten beobachten. Sie fliegt auch in Wohnungen. Dort fällt sie durch ihre lauten Fluggeräusche auf, die abrupt enden, wenn die Wanze gelandet ist.

Die Grüne Stinkwanze ist 1,2 bis 1,4 cm lang.

Die Grüne Stinkwanze ist von April bis November unterwegs.

| Jan | Feb | Mär | Apr | Mai | Jun | Jul | Aug | Sep | Okt | Nov |

Käfer und Wanzen

Die Feuerwanze

Rot und Schwarz sind die Farben der Feuerwanze. Auf den kurzen roten Flügeln, die den Hinterleib nicht ganz bedecken, sitzen jeweils ein großer und ein kleiner schwarzer Punkt. Die rot-schwarzen Larven mit dem roten Hinterleib sind kleiner und flügellos. Im Frühjahr paaren sich Männchen und Weibchen, indem sie Hinterleib an Hinterleib zusammenhängen.

Wichtig zu wissen!

Feuerwanzen sind gesellige Tiere, die in Kolonien leben. Schon an warmen Wintertagen wärmen sich die Feuerwanzen an sonnigen Plätzen. Feuerwanzen saugen an den Samen von Linden, Robinien und Malvenfrüchten.

Die Feuerwanze ist weit verbreitet und kommt bei uns recht häufig vor. Sie fällt besonders in Parks, Gärten und auf alten Friedhöfen auf, wo du sie in großen Scharen unter alten Linden oder Robinien antreffen kannst.

Die Feuerwanze ist 1 bis 1,2 cm lang.

Die Feuerwanze ist das ganze Jahr über unterwegs.

| Feb | Mär | Apr | Mai | Jun | Jul | Aug | Sep | Okt | Nov | Dez |

Bienen, Wespen, Ameisen und Fliegen

Die Hornisse

Der Hinterleib dieser großen Wespenart ist markant rot, schwarz und gelb gestreift und gemustert, der Brustteil braun-rot und schwarz gefärbt. Wenn die Hornisse nicht fliegt, faltet sie ihre Flügel auf dem Rücken zusammen.

Vorsicht!

Hornissen können zwar stechen, sind aber sehr friedlich. Ein Stich ist nicht gefährlicher und auch nicht schmerzhafter als ein Bienen- oder Wespenstich.

Die Hornisse kommt recht häufig vor. Sie lebt in lichten Wäldern, Parks und Gärten und baut ihr Nest in Baumhöhlen, Nistkästen und Hohlräumen von Gebäuden.

Wichtig zu wissen!

Im Frühjahr baut die Königin aus zerkautem Holz ein kleines Papiernest. In jede Wabe legt sie ein Ei und füttert die Larven, wenn sie geschlüpft sind. Aus diesen Larven entwickeln sich die Arbeiterinnen, die von nun an das Nest vergrößern und die Larven versorgen. So wächst ein Hornissenvolk bis zum Herbst auf bis zu 700 Tiere an. Im Herbst sterben dann alle Hornissen, nur die befruchteten Königinnen überleben den Winter.

Die Hornisse ist zwischen 2,5 cm (Arbeiterin) und 3,5 cm (Königin) lang.

Die Hornisse fliegt von April bis Oktober.

| Jan | Feb | Mär | Apr | Mai | Jun | Jul | Aug | Sep | Okt | Nov |

Bienen, Wespen, Ameisen und Fliegen

Die Wespe

Die schwarz-gelbe Färbung der Wespe kennst du sicherlich. Ihr Körper ist zwischen Brust und Hinterleib stark eingeschnürt, das ist die Wespentaille.

Schau genau!

Naschen die Wespen an süßen Getränken, Zuckerguss oder überreifen Früchten, so ist das Nahrung für die erwachsenen Tiere. Diese benötigen zuckerhaltige Nahrung als „Flugbenzin". Ihre Larven füttern sie mit erbeuteten Insekten und Fleischstückchen, das die Wespen mit ihren Mundwerkzeugen herausgeschnitten haben. Im Herbst sterben alle Wespen außer den Königinnen.

Die Wespe ist sehr häufig und kommt bei uns fast überall vor. Sie baut ihr Papiernest in dunkle Höhlungen, etwa in Mäuse- oder Maulwurfbauten, Komposthaufen, Hecken, Dachstühle, Rollläden- und Nistkästen.

Vorsicht!

Die Arbeiterinnen der Wespen können stechen. Da die Tiere im Sommer gerne am Tisch lästig werden und auch in süße Getränke krabbeln, musst du sehr aufpassen!

Die Wespe ist zwischen 1,6 cm (Arbeiterin) und 2 cm (Königin) lang.

Die Wespe fliegt von April bis Oktober.

| Feb | Mär | Apr | Mai | Jun | Jul | Aug | Sep | Okt | Nov | Dez |

Bienen, Wespen, Ameisen und Fliegen

Die Eichengallwespe

Die winzige schwarze Eichengallwespe ist an sich sehr unscheinbar und besitzt große Flügel. Auffallend hingegen sind die rund 2 cm großen, kugeligen grün-rötlichen Eichengallen auf den Unterseiten von Eichenblättern.

Wichtig zu wissen!

Die kugelrunden Eichengallen sind die Kinderstuben der Larven. Die Gallen entstehen, wenn im Frühjahr das Weibchen ein Ei in ein frisches Eichenblatt legt. Um das Ei herum bildet sich die Eichengalle, darin wächst die Larve geschützt heran und frisst sich satt. Im Herbst fällt das Eichenblatt mit der Galle auf den Erdboden. Findest du Gallen mit einem kleinen Loch, hat die Larve ihr Kinderzimmer bereits verlassen.

Eichengallwespen sind überall häufig, wo Eichen wachsen.

Eichengallen auf Eichenblättern

Die Eichengallwespe ist 3 bis 4 mm lang.

Die Eichengallwespe fliegt von November bis Juli.

| Jan | Feb | Mär | Apr | Mai | Jun | Jul | Aug | Sep | Okt | Nov |

Bienen, Wespen, Ameisen und Fliegen

Die Erdhummel

Brust und Hinterleib der dicht behaarten Erdhummeln sind gelb-schwarz gefärbt, das Hinterleibsende ist weiß.

Wichtig zu wissen!

Schon an den ersten sonnigen Frühlingstagen sind Hummeln unterwegs. Das sind die sehr großen Königinnen, die nun einen neuen Staat in Mäuse- oder Erdlöchern gründen. Hummeln sammeln Nektar und Blütenpollen und bestäuben viele Obstbäume. Sie legen keine Vorräte für den Winter an. Darum stirbt der bis zu 600-köpfige Hummelstaat im Herbst, nur die Königinnen überleben.

Vorsicht!

Auch die Arbeiterinnen der Hummeln können stechen. Sie tun das aber nur im äußersten Notfall.

Erdhummeln gibt es überall bei uns. Sie kommen auf blumenreichen Wiesen und brach liegenden Flächen vor, am Waldrand, in Parks und Gärten.

Die Erdhummel ist zwischen 1,7 cm (Arbeiterin) und 2,3 cm (Königin) lang.

Die Erdhummel fliegt von März bis November.

| Feb | Mär | Apr | Mai | Jun | Jul | Aug | Sep | Okt | Nov | Dez |

Die Blattschneiderbiene

Der dunkle Körper der zierlichen Blattschneiderbiene ist gelblich behaart. Die Weibchen besitzen bürstenartige orangerote Haare auf der Unterseite des Hinterleibs, mit denen sie Pollen sammeln.

Blattschneiderbienen kommen in verschiedenen Lebensräumen wie Feld- und Wiesenlandschaften, an Waldrändern und in Parks oder Gärten vor.

Schau genau!

Blattschneiderbienen verraten ihre Anwesenheit im Garten durch Löcher, die sie vom Rand her in Rosen- und andere Blätter schneiden. Mit den Blattstücken kleiden die Bienen ihre Niströhren aus, die sie in morsches Holz oder die Erde eines Blumentopfes genagt haben. Darin wachsen in einem Nektar-Pollen-Gemisch die Larven heran. Auch diesen Bienen kannst du mit einem Insektenhotel (siehe Seite 45) helfen.

Die Blattschneiderbiene ist 1,2 bis 1,6 cm lang.

Die Blattschneiderbiene fliegt von Juni bis September.

| Jan | Feb | Mär | Apr | Mai | Jun | Jul | Aug | Sep | Okt | Nov |

Bienen, Wespen, Ameisen und Fliegen

Die Rote Mauerbiene

Der dunkelbraune Körper der kleinen orangebraun behaarten Biene glänzt leicht metallisch grün.

Mach mit!

Den Mauerbienen kannst du Nisthilfen anbieten, wenn du mit dem Bohrer 6 bis 7 mm große Löcher in einen Holzklotz bohrst. Diesen stellst du an einen regengeschützten Platz auf dem Balkon oder im Garten, dass die Löcher waagerecht ausgerichtet sind. Schon im zeitigen Frühjahr stopfen Mauerbienen die Löcher mit Pollen voll, legen Eier hinein und verstopfen die Öffnungen mit Lehm. Im nächsten Jahr kannst du dann die schlüpfenden Jungbienen beobachten.

Bambusrohre und Schilfstängel zu festen Bündeln verschnürt, sind auch eine gute Nisthilfe.

Rote Mauerbienen kommen häufig in Feld- und Wiesenlandschaften, am Waldrand und in Gärten vor.

Die Rote Mauerbiene ist 8 bis 13 mm lang.

Die Rote Mauerbiene fliegt von März bis Juni.

| Feb | Mär | Apr | Mai | Jun | Jul | Aug | Sep | Okt | Nov | Dez |

Bienen, Wespen, Ameisen und Fliegen

Die Honigbiene

Der braune Bienenkörper ist mit gelbbraunen Haaren besetzt, am Hinterleib kannst du gelbe Streifen erkennen. An den Hinterbeinen sitzen „Höschen", in denen der Pollen transportiert wird.

Wichtig zu wissen!

Ein Bienenvolk besteht aus bis zu 80 000 Arbeiterinnen. Die Königin bleibt im Stock und legt Eier. Die Arbeiterinnen versorgen die Königin und die Larven, bauen neue Waben aus selbst gemachtem Bienenwachs, bewachen den Stockeingang und sammeln Nektar und Pollen. Tanzend teilen sich die Bienen untereinander im dunklen Stock mit, wo genau die Futterquelle liegt.

Vorsicht!

Die Arbeiterinnen der Honigbienen können schmerzhaft stechen. Für Menschen, die auf einen Bienenstich allergisch reagieren, besteht Lebensgefahr.

Honigbienen kommen überall vor. Sie sind Haustiere, die von einem Imker in Bienenstöcken gehalten werden. Manchmal leben auch wilde Völker in Baumhöhlen.

Die Honigbiene ist zwischen 1,4 cm (Arbeiterin) und 2 cm (Königin) lang.

Die Honigbiene fliegt das ganze Jahr über.

| Jan | Feb | Mär | Apr | Mai | Jun | Jul | Aug | Sep | Okt | Nov |

Bienen, Wespen, Ameisen und Fliegen

Die Rote Waldameise

Nur der Hinterkopf, die Beine und der Hinterleib sind schwarz gefärbt, der restliche Körper ist rot. Die Arbeiterinnen sind flügellos, die größeren Königinnen und Männchen tragen zum Hochzeitsflug im Sommer Flügel.

geflügeltes Männchen

Königin

Arbeiterin

Die häufige Rote Waldameise baut an sonnigen Stellen in nicht zu dichten Wäldern mit Kiefern- oder Fichtenbeständen ihre bis zu 1 m hohen Ameisenhaufen, die ebenso tief in den Erdboden reichen.

Erstaunlich!

Ein Staat der Roten Waldameise besteht aus bis zu 1 Million Arbeiterinnen und vielen Königinnen. An einem einzigen Sommertag jagt so ein großes Volk bis zu 100 000 Beutetiere in der Umgebung des Nestes. Unter der Beute befinden sich auch viele Insekten, die als Forstschädlinge auftreten können, etwa die Raupen der Schmetterlingsarten Kiefernspinner oder Nonne.

Vorsicht!

Wenn sich Ameisen bedroht fühlen, verspritzen sie Ameisensäure. Die Säure ist für kleine Insekten tödlich, auf deiner Haut und in den Augen brennt sie unangenehm.

Die Rote Waldameise ist zwischen 9 mm (Arbeiterin) und 11 mm (Königin) lang.

Die Rote Waldameise ist von März bis Oktober unterwegs.

| Feb | Mär | Apr | Mai | Jun | Jul | Aug | Sep | Okt | Nov | Dez |

Die Wegameise

Der ganze Körper ist dunkelbraun bis schwarz gefärbt und dicht mit ganz feinen silbrigen Härchen besetzt.

geflügeltes Männchen

> **Wichtig zu wissen!**
>
> Die Arbeiterinnen versorgen den ganzen Ameisenstaat. Sie bauen und verteidigen das unter Steinen oder Holz liegende Nest, füttern die Königin und Larven und gehen auf Nahrungssuche. Diese Ameise sucht gezielt auch Blattlauskolonien und „melkt" dort den süßen Blattlauskot.

Die Wegameise ist eine der häufigsten Ameisenarten, die es bei uns gibt. Fast immer ist es diese Art, wenn du auf einem Waldweg, im Garten, an einer Mauer oder sogar in der Wohnung eine kleine Ameise entdeckst.

Die Wegameise ist zwischen 5 mm (Arbeiterin) und 9 mm (Königin) lang.

Die Wegameise ist von März bis November unterwegs.

| Jan | Feb | Mär | Apr | Mai | Jun | Jul | Aug | Sep | Okt | Nov |

Bienen, Wespen, Ameisen und Fliegen

Die Stechmücke

Die Weibchen der schlanken hellbraunen Stechmücke besitzen einen langen Stechrüssel, die Männchen erkennst du an den buschigen Fühlern. Sie können nicht stechen.

Wichtig zu wissen!

Bevor die Weibchen ihre 200 bis 400 Eierpakete auf dem Wasser ablegen können, brauchen sie einen ordentlichen Schluck Säugetierblut. Ihre Larven leben im Wasser, zum Atmen hängen sie sich an die Wasseroberfläche. Dort verpuppen sie sich auch und die fertige Stechmücke schlüpft.

Männchen

Stechmücken gibt es überall, wo es stehendes Süß- oder Brackwasser gibt – also in der Nähe von Teichen oder Seen, aber auch in ruhigen Bereichen von Fließgewässern, in Mooren und auf feuchten Wiesen. Sie kommen auch in Gärten mit Regentonnen und gefüllten Gießkannen vor.

Larven

Die Stechmücke ist 4 bis 6 mm lang.

Die Stechmücke fliegt von März bis Oktober.

| Feb | Mär | Apr | Mai | Jun | Jul | Aug | Sep | Okt | Nov | Dez |

Bienen, Wespen, Ameisen und Fliegen

Die Schnake

Die graubraunen Schnaken können dich wegen ihrer Größe, den langen Flügeln und den dünnen, sehr langen Beinen ganz schön erschrecken, wenn sie vom Licht angelockt in Wohnungen fliegen. Sie können aber weder stechen noch beißen. Ihre Mundwerkzeuge sind sogar zurückgebildet und eignen sich nur zum Trinken von Wasser oder Nektar.

Wichtig zu wissen!
In manchen Regionen sagen die Menschen Schnaken, auch wenn sie eigentlich Stechmücken meinen!

Schau genau!
Der Hinterleib der Weibchen läuft in einer Spitze aus. Das ist der Legebohrer, mit dem die Weibchen ihre Eier in den feuchten Boden legen.

Schnaken sind recht häufig und kommen auf feuchten Wiesen, in Wäldern, gebüschreichen Landschaften und Gärten vor.

Die Schnake ist bis zu 3,7 cm lang (Flügelspannweite 5,5 bis 6,5 cm).

Die Schnake fliegt von Mai bis August.

| Jan | Feb | Mär | Apr | Mai | Jun | Jul | Aug | Sep | Okt | Nov | D |

Der Wollschweber

Wegen seiner dichten pelzartigen Behaarung erinnert der braune Wollschweber mit dem sehr langen Saugrüssel an eine Hummel (daher heißt er auch „Hummelschweber"). Weil er aber nur zwei Flügel besitzt, ist er eher mit Mücken und Fliegen verwandt.

Schau genau!

Wie ein kleiner Kolibri steht der wendige Wollschweber beim Nektarsaugen vor einer Blüte in der Luft. Er kann den langen Saugrüssel aber nicht wie ein Schmetterling einrollen, sondern er trägt ihn immer ausgestreckt. Das sieht vielleicht gefährlich aus, aber Wollschweber können nicht stechen.

Der Wollschweber saugt mit dem langen Rüssel Nektar.

Der Wollschweber ist häufig an sonnigen Wald- und Wegrändern zu finden. Du kannst ihn aber auch in Gärten entdecken.

Der Wollschweber ist 9 bis 12 mm lang.

Der Wollschweber fliegt von März bis Juni.

| Feb | Mär | Apr | Mai | Jun | Jul | Aug | Sep | Okt | Nov | Dez |

Bienen, Wespen, Ameisen und Fliegen

Die Schwebfliege

Auf den ersten Blick kann man die Schwebfliege wegen ihres schwarzgelben Hinterleibs mit einer Wespe verwechseln. Auf den zweiten Blick erkennst du die typische Fliegengestalt mit großen Augen, zwei Flügeln und dem tupfenden Saugrüssel.

Wichtig zu wissen!

Mit der gelb-schwarzen Warnfärbung schrecken die harmlosen Schwebfliegen räuberische Fressfeinde wie Vögel oder Echsen ab. Schwebfliegen können im Schwirrflug in der Luft stehen bleiben. Während sich die erwachsenen Schwebfliegen von Nektar und Pollen ernähren, sind die Larven eifrige Blattlausjäger. Eine einzige Larve vertilgt in ihrer kurzen Entwicklungszeit bis zur Verpuppung mehrere Hundert Blattläuse.

Schwebfliegen tauchen überall dort auf, wo es Blumen, Gebüsch und Bäume gibt.

Mit der gelb-schwarzen Färbung ahmt die harmlose Schwebfliege (links) eine wehrhafte Wespe (rechts) nach.

Die Schwebfliege ist 8 bis 12 mm lang.

Die Schwebfliege fliegt von Februar bis November.

| Jan | Feb | Mär | Apr | Mai | Jun | Jul | Aug | Sep | Okt | Nov | Dez |

Bienen, Wespen, Ameisen und Fliegen

Die Mistbiene

Obwohl sie aussieht wie eine Biene, ist die Mistbiene auch eine harmlose Schwebfliegenart. Das erkennst du an dem großen Kopf mit den typischen Fliegenaugen und den Flügeln.

Schau genau!

Die Weibchen legen ihre Eier in Dung und andere stark verschmutzte feuchte Gewässer. Aus den Eiern schlüpfen die Rattenschwanzlarven, die einen sehr langen „Rattenschwanz" besitzen. Das ist ein Schnorchel, der sich wie ein Teleskop ein- und ausfahren lässt und mit dem die Larve atmet.

 Die Mistbiene kommt überall vor, wo Blumen blühen. Die Larven entwickeln sich in Tümpeln, Schlamm, Jauche und Misthaufen. So kam sie auch zu ihrem Namen.

Die Mistbiene ist 1,4 bis 1,6 cm lang.

Die Mistbiene fliegt von Mai bis Juli.

| Feb | Mär | Apr | Mai | Jun | Jul | Aug | Sep | Okt | Nov | Dez |

Die Essigfliege

Die gelbe winzige Fliege mit der schwarzen Hinterleibsspitze besitzt auffallend rote Augen. Sie wird auch Frucht- oder Taufliege genannt.

Ursprünglich kam die Essigfliege nur in den warmen Gebieten rund um den Äquator vor. Heute gibt es sie weltweit. Bei uns lebt sie vor allem in Obstschalen und Biotonnen. Sie taucht im Sommer sofort auf, wenn überreife Früchte oder offener Wein in der Küche herumstehen.

Erstaunlich!

Essigfliegen vermehren sich bei warmen Temperaturen unglaublich schnell. Das Weibchen legt bis zu 400 Eier in gärendes Obst. Nach nur fünf Tagen Larvenzeit und vier Tagen Puppenruhe schlüpfen die neuen Essigfliegen. Wegen dieser raschen Vermehrung sind Essigfliegen *(Drosophila)* beliebte Versuchstiere in der Genforschung.

 Die Essigfliege ist etwa 2 mm lang.

Die Essigfliege kannst du am besten in den warmen Monaten (Mai bis September) beobachten.

| Jan | Feb | Mär | Apr | Mai | Jun | Jul | Aug | Sep | Okt | Nov |

Bienen, Wespen, Ameisen und Fliegen

Die Stubenfliege

Die Brust der dunkelgrauen Fliege mit den durchsichtigen Flügeln ist längsgestreift, der Hinterleib orangebraun und schwarz. Auffallend sind die großen dunkelroten Augen.

Erstaunlich!

Stubenfliegen haben bemerkenswerte Fähigkeiten: Sie reagieren fünfmal schneller als ein Mensch. Sie können dank besonderer Haftlappen an den Füßen problemlos auf spiegelglatten senkrechten Flächen laufen und schmecken mit den Füßen.

Larve

Puppe

Die Stubenfliege lebt überall. Sie ist nicht nur lästig, sondern kann auch Krankheitskeime auf unser Essen übertragen, weil sie auch auf Kot landet. Die weißen madenförmigen Larven entwickeln sich in faulenden Stoffen wie Essensresten, Kot oder Stallmist.

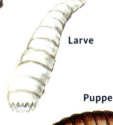

Die Stubenfliege ist etwa 1 cm lang.

Die Stubenfliege fliegt das ganze Jahr über.

| Feb | Mär | Apr | Mai | Jun | Jul | Aug | Sep | Okt | Nov | Dez |

Die Hirschlausfliege

Der Körper der glänzend braunen Fliege mit den langen Flügeln ist auffällig flach gedrückt. Ihre kräftigen Beine stehen seitlich ab.

Wichtig zu wissen!

Hirschlausfliegen sind blutsaugende Parasiten. Im Herbst schwärmen sie auf der Suche nach einem Wildtier aus. Finden sie ein Reh, Hirsch, Wildschwein oder Dachs, werfen sie ihre Flügel ab und krallen sich im Fell fest. Manchmal werden auch Pferde befallen. Die Tiere schlagen dann mit dem Kopf, schubbern sich und wirken nervös. Eine Spülung vom Tierarzt kann helfen.

Die Hirschlausfliege gibt es vor allem in Wäldern, in denen Wildtiere leben.

Die Hirschlausfliege ist 5 bis 6 mm lang.

Die Hirschlausfliege fliegt im Oktober und November.

| Jan | Feb | Mär | Apr | Mai | Jun | Jul | Aug | Sep | Okt | Nov |

Heuschrecken, Ohrwürmer und Silberfischchen

Das Silberfischchen

Der flache stromlinienförmige Körper des Silberfischchens ist mit silbrigen Schuppen besetzt. Am Kopf trägt es lange Fühler und am Hinterleibsende drei Schwanzfäden.

Das Silberfischchen lebt in warmen, feuchten Räumen wie zum Beispiel dem Badezimmer. Tagsüber versteckt es sich in engen Spalten am Fußboden oder hinter Tapeten und nachts geht es auf Nahrungssuche.

Wichtig zu wissen!

Sobald du nachts das Licht anmachst, verschwindet das harmlose Silberfischchen in seinem Versteck. Es ernährt sich von Papier und zuckerhaltigen Resten im Staub, aber auch von Schimmelpilzen und Hausstaubmilben. In manchen Regionen wird es Zuckergast genannt. Nur wenn Silberfischchen massenhaft vorkommen, können sie Tapeten beschädigen.

Das Silberfischchen ist etwa 1 cm lang.

Das Silberfischchen ist das ganze Jahr über unterwegs.

| Feb | Mär | Apr | Mai | Jun | Jul | Aug | Sep | Okt | Nov | Dez |

Heuschrecken, Ohrwürmer und Silberfischchen

Der Grashüpfer

Die grün-braunen Grashüpfer mit den kurzen Fühlern sind sehr verschieden gemustert. Obwohl die Männchen längere und die Weibchen kürzere Flügel besitzen, können Grashüpfer nicht fliegen. Die Weibchen sind größer als die Männchen.

Wichtig zu wissen!

Grashüpfer fallen durch ihren „Gesang" auf, den du bis zu 10 m weit hören kannst. Die Männchen erzeugen die Töne mit dem Sägekamm auf der Innenseite der Hinterbeine. Reiben sie diese aneinander, erzeugen sie ein zirpendes Geräusch. Die Weibchen erkennst du an dem langen Legebohrer am Hinterleibsende, mit dem sie ihre Eier in den Boden legen.

Der Grashüpfer ist bei uns die häufigste Heuschrecke. Sie kommt auf allen Wiesen vor, selbst auf den stark gedüngten Grünlandwiesen. Dort ist sie oft die einzig vorkommende Heuschreckenart.

Der Grashüpfer ist 1,3 bis 2,2 cm lang.

Der Grashüpfer ist von Juni bis November unterwegs.

| Jan | Feb | Mär | Apr | Mai | Jun | Jul | Aug | Sep | Okt | Nov |

Heuschrecken, Ohrwürmer und Silberfischchen

Das Grüne Heupferd

Sehr lange Fühler, lange Flügel und grasgrüne Farbe – das sind die Merkmale, an denen du das Grüne Heupferd erkennst. Es gehört zu den größten heimischen Heuschrecken. Die Weibchen tragen am Körperende einen langen Legebohrer, mit dem sie aber nicht stechen, sondern die Eier in den Boden legen.

Erstaunlich!

Bis zu 100 m weit ist der mechanisch klingende Gesang der Heupferdmännchen zu hören. Er ertönt von mittags bis weit in die Nacht hinein meist aus den Baumkronen, weil es dort wärmer ist als am Erdboden. Das Männchen ist kleiner als das Weibchen.

Durch seine grüne Farbe ist das Heupferd gut getarnt. Hier siehst du ein Männchen.

Das Grüne Heupferd kommt nicht nur in buschreichen Wiesen- und Feldlandschaften vor, sondern ist sogar bis in unsere Gärten vorgedrungen.

Das Grüne Heupferd ist bis zu 4 cm lang.

Das Grüne Heupferd ist von Juli bis Oktober unterwegs.

| Feb | Mär | Apr | Mai | Jun | Jul | Aug | Sep | Okt | Nov | Dez |

Heuschrecken, Ohrwürmer und Silberfischchen

Die Wiesenschaumzikade

Der breit ovale geflügelte Körper zeigt eine große Vielfalt von Mustern in Braun-, Rot-, Grau- und Schwarztönen. Auffällig sind die weißen Schaumbällchen an Pflanzenstängeln, die wie hingespuckt aussehen. Darin wächst die Larve heran.

Schau genau!

Schon im Herbst legt das Zikadenweibchen seine Eier in kleine Stängelritzen. Wenn im Frühjahr die Larve schlüpft, scheidet sie eine eiweißhaltige Flüssigkeit aus und pumpt Luft hinein. So entsteht das Schaumnest, in dessen Inneren die Larve geschützt heranwachsen und Pflanzensaft saugen kann. Der Schaum ist sogar regenfest.

Die Wiesenschaumzikade gibt es in Gärten und auf allen Wiesen und Feldern. Sie saugt den süßen Pflanzensaft von über 170 verschiedenen Gräsern und Wiesenkräutern.

Die Wiesenschaumzikade ist 5 bis 7 mm lang.

Die Wiesenschaumzikade ist von Juli bis Oktober unterwegs.

| Jan | Feb | Mär | Apr | Mai | Jun | Jul | Aug | Sep | Okt | Nov |

Heuschrecken, Ohrwürmer und Silberfischchen

Die Eintagsfliege

Am schlanken Körper sitzen die großen aderreichen Flügel, die nicht flach angelegt werden können. Am Hinterleib sitzen drei lange Schwanzfäden. Die Männchen erkennst du an den sehr langen Vorderbeinen, die wie Fühler nach oben ragen.

Wichtig zu wissen!

Eintagsfliegen können nichts mehr essen und leben nur zwei bis vier Tage. Die Männchen kannst du abends über den Gewässern in der Luft „tanzen" sehen. Nach der Paarung legen die Weibchen ihre Eier ins Wasser und sterben. Die Larve lebt bis zu drei Jahre am Gewässerboden, bis sie an die Wasseroberfläche steigt. Dort häutet sie sich zur fertigen Fliege.

Schwanzfäden

An sauberen Bächen ist die Eintagsfliege ziemlich häufig. Sie bleibt stets in der Nähe eines Gewässers, in dem die Larven heranwachsen.

Die Eintagsfliege ist 3 bis 4,5 cm lang.

Die Eintagsfliege fliegt von Mai bis September.

| Feb | Mär | Apr | Mai | Jun | Jul | Aug | Sep | Okt | Nov | Dez |

Heuschrecken, Ohrwürmer und Silberfischchen

Die Köcherfliege

Die sitzende Köcherfliege hält ihre unauffällig gefärbten, fein behaarten Flügel dachförmig über dem Rücken. Sie besitzt feine lange Fühler.

Erstaunlich!

Dieses Insekt verdankt seinen Namen den Larven, die am Gewässergrund in einem Köcher leben. Den Köcher bauen sie selbst aus Sand, kleinen Schneckenhäuschen, Pflanzenstängeln und anderen Baumaterialien. Er schützt die Larven, die sich von zerfallenden Pflanzenteilchen ernähren, vor räuberischen Fischen.

Wichtig zu wissen!

Gewässer, in denen du Köcherfliegenlarven findest, sind besonders sauber. Wissenschaftler messen die Wasserqualität daher auch mithilfe von Köcherfliegenlarven.

Köcherfliegen bleiben stets in der Nähe eines Gewässers (Bach, Fluss, Teich, See), in dem die Larven heranwachsen.

Die Köcherfliege ist 1 bis 1,4 cm lang.

Die Köcherfliege fliegt von Mai bis Oktober.

| Jan | Feb | Mär | Apr | Mai | Jun | Jul | Aug | Sep | Okt | Nov |

Heuschrecken, Ohrwürmer und Silberfischchen

Die Florfliege

Der grüne schlanke Körper der zarten Florfliege trägt durchsichtige grün geäderte Flügel, die viel länger als der Körper sind. Die Flügelspannweite misst bis zu 3 cm. Florfliegen werden aufgrund ihrer Augenfarbe auch als Goldaugen bezeichnet.

Die Florfliege ist sehr häufig. Sie lebt in Gärten und Parks, fliegt manchmal auch in Wohnungen oder Häuser.

Schau genau!

Florfliegen legen ihre weißen Eier, die wie Luftballons an feinen Stielen kleben, in der Nähe von Blattläusen ab. Daraus schlüpfen braune schlanke Larven, die gefährliche Blattlausjäger sind. Sie ergreifen ihre Beute mit den zangenartigen Mundwerkzeugen und saugen sie aus. Die leeren Körperhüllen der Blattläuse kleben sie zur Tarnung auf ihren Rücken.

Die Florfliege ist 1 bis 1,5 cm lang.

Die Florfliege fliegt das ganze Jahr über.

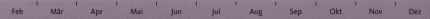

Heuschrecken, Ohrwürmer und Silberfischchen

Der Ohrwurm

Die langen braunen Ohrwürmer tragen am Hinterleibsende Zangen: Das Männchen erkennst du an den großen, nach innen gebogenen Zangen, beim Weibchen sind sie kleiner und gerade. Auf dem Rücken fallen die kurzen Deckflügel auf.

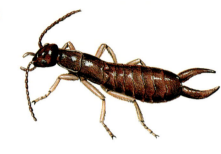

Männchen (oben) und Weibchen (unten) mit Eiern und Larve

Mach mit!

Wenn du in einen Obstbaum einen mit Holzwolle gefüllten Blumentopf hängst (mit der Öffnung nach unten), bietest du den Ohrwürmern ein gutes Tagesversteck an. Bei Nacht gehen sie dann im Obstbaum auf Jagd nach Blattläusen. Am Boden sind sie nicht so beliebt, weil sie auch zarte Pflänzchen fressen.

Vorsicht!

Die Männchen können mit den Zangen am Hinterleib kräftig zwicken.

Der Ohrwurm lebt überall zwischen Pflanzen, in Ritzen und Spalten. Besonders gern hält er sich in Gärten und auf Terrassen auf.

Der Ohrwurm ist 1 bis 1,6 cm lang.

Der Ohrwurm ist das ganze Jahr über unterwegs.

| Jan | Feb | Mär | Apr | Mai | Jun | Jul | Aug | Sep | Okt | Nov |

Heuschrecken, Ohrwürmer und Silberfischchen

Die Blattlaus

Die rundlichen Blattläuse sind bleigrau bis dunkelgrün gefärbt. Geflügelte Läuse, die auf eine andere Pflanze übersiedeln können, wechseln sich mit ungeflügelten Exemplaren ab. Bei uns gibt es etwa 850 verschiedene Blattlausarten, die jeweils auf bestimmten Pflanzen vorkommen.

Distelblattlaus

Erstaunlich!

Im Frühjahr vermehren sich Blattläuse in rasantem Tempo. Das gelingt ihnen, weil sie ohne vorangegangene Paarung lebende Junge zur Welt bringen. Blattläuse bilden dichte Kolonien auf jungen Pflanzenteilen, an denen sie saugen. Dabei scheiden sie süßen Honigtau aus, der Ameisen und in Nadelwäldern auch Bienen anlockt.

Blattläuse gibt es sehr oft, sie kommen an jungen Strauchzweigen und Pflanzenteilen vor, auch an Zimmerpflanzen.

Die Blattlaus ist 1,5 bis 3,5 mm lang.

Blattläuse sind von Mai bis September unterwegs.

| Feb | Mär | Apr | Mai | Jun | Jul | Aug | Sep | Okt | Nov | Dez |

Die Zitterspinne

Wegen ihrer sehr langen dünnen Beine wirkt die hellgraue Zitterspinne trotz des kleinen Körpers recht groß.

Wichtig zu wissen!

Zitterspinnen sind dankbare Helfer bei der Bekämpfung von Stechmücken. Sie bauen ihre „unordentlichen" Netze in die Ecken der Zimmerdecke. Fühlt sie sich bedroht, versetzt sie das Netz in zitternde Schwingungen. So macht sie sich unsichtbar für ihre Fressfeinde. Zitterspinnen können bis zu drei Jahre alt werden.

Zitterspinne mit Beute (oben) und Eiern (unten)

Eikokon

Die Zitterspinne ist sehr häufig und kommt bei uns nur in Gebäuden vor.

Die Zitterspinne ist nur 7 bis 12 mm lang.

Die Zitterspinne ist das ganze Jahr über unterwegs.

| Jan | Feb | Mär | Apr | Mai | Jun | Jul | Aug | Sep | Okt | Nov |

Spinnen, Asseln und Tausendfüßer

Die Kreuzspinne

Auf dem dicken Hinterleib der gelblichen, rot- bis schwarzbraunen Spinne leuchtet die weiße Kreuzzeichnung, der sie ihren Namen verdankt. Die Weibchen sind deutlich größer als die Männchen.

Wichtig zu wissen!

Die Kreuzspinne baut jeden Tag an derselben Stelle ein neues Netz aus klebrigen Fang- und nicht klebrigen Lauffäden. Hat sich ein Insekt im Netz verfangen, eilt sie blitzschnell herbei und lähmt es mit einem giftigen Biss. Das Gift löst auch das Körperinnere der Beute auf. Hat die Spinne Hunger, saugt sie sie direkt aus, ansonsten lässt sie die eingewickelte Beute für später hängen.

Die Kreuzspinne ist eine der häufigsten und auch auffallendsten Spinnen bei uns. Sie kommt in Wäldern, Gärten und im Gebüsch von Feld- und Wiesenlandschaften vor.

Die Kreuzspinne ist 1 bis 2 cm lang.

Die Kreuzspinne ist von Juli bis Oktober unterwegs.

| Feb | Mär | Apr | Mai | Jun | Jul | Aug | Sep | Okt | Nov | Dez |

Spinnen, Asseln und Tausendfüßer

Die Hausspinne

Auf dem Hinterleib der graubraunen Spinne erkennst du gelbbraune Zickzacklinien. Ihre Beine können Spannweiten von bis zu 8 cm erreichen.

Mach mit!

Hausspinnen sind nachtaktiv. Während die Weibchen in ihren ausladenden Netzen bleiben, ziehen die kleineren Männchen auf der Suche nach Weibchen umher. Geraten sie dabei in ein Waschbecken, so sind sie gefangen. Sie können die glatten Wände nicht hochklettern. Befreie die Spinne, sie ist eine begnadete Insektenjägerin. Keine Angst, sie kann dir überhaupt nichts tun!

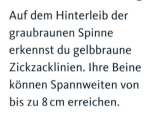

Die Hausspinne kommt häufig in Kellern vor. Sie lebt auch an Felsen und Mauern. Wenn es kälter wird, ziehen sich die Tiere oft in menschliche Behausungen zurück.

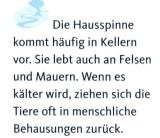

Die Hausspinne ist 1 bis 2 cm lang.

Die Hausspinne ist das ganze Jahr über unterwegs.

| Jan | Feb | Mär | Apr | Mai | Jun | Jul | Aug | Sep | Okt | Nov |

Spinnen, Asseln und Tausendfüßer

Die Wolfspinne

Körper und Beine der Wolfspinne sind dunkel- und hellbraun gestreift. Im Sommer tragen die Weibchen eine hellgraue oder grünliche Kugel an den Spinnwarzen (siehe Bild unten). Das ist der sogenannte Eikokon, der ihre Eier enthält. Sind die kleinen Spinnen geschlüpft, reiten sie noch eine Weile auf dem Rücken ihrer Mutter.

Jungspinnen

Wolfspinnen leben sehr häufig in der Laubstreu in lichten Wäldern. Auch an sonnigen Wegrändern und in Gärten kannst du sie beobachten.

Eikokon

Schau genau!

Wolfspinnen jagen ohne Netz. Auf dem Vorderkörper erkennst du acht Augen, von denen vier besonders groß sind. Nähert sich ein kleines Insekt, greift die Wolfspinne blitzschnell zu.

Die Wolfspinne ist etwa 1 cm groß.

Die Wolfspinne ist von April bis September unterwegs.

| Feb | Mär | Apr | Mai | Jun | Jul | Aug | Sep | Okt | Nov | Dez |

Die Zebra-Springspinne

Diese kleine Spinne mit den kurzen kräftigen Beinen ist wie ein Zebra schwarz-weiß gestreift. Zwei ihrer acht Augen sind sehr groß.

stark vergrößerte Augen

Erstaunlich!

Springspinnen können hervorragend sehen. Fliegen und andere Beutetiere finden sie allein mit ihrem Sehsinn. Dann pirscht sich die Spinne langsam heran und überwältigt die Beute mit einem raschen Sprung. Zuvor hat sie noch einen Sicherheitsfaden als Absturzschutz am Untergrund befestigt.

Die Zebra-Springspinne kommt häufig in Wohnungen, auf Fensterbänken und an Hauswänden vor. Auch an Baumstämmen, Zaunpfählen, Felsen und anderen senkrechten Flächen kannst du sie entdecken.

Die Zebra-Springspinne ist 5 bis 7 mm lang.

Die Zebra-Springspinne ist das ganze Jahr über unterwegs.

| Jan | Feb | Mär | Apr | Mai | Jun | Jul | Aug | Sep | Okt | Nov |

Spinnen, Asseln und Tausendfüßer

Der Weberknecht

Der Weberknecht ist keine echte Spinne, denn sein brauner Körper besteht nur aus einem Teil. Da ihm die Spinnwarzen fehlen, kann er keine Netze spinnen. Auffallend sind die acht extrem langen, sehr dünnen Beine.

Der Weberknecht lebt in den Pflanzen und Sträuchern der Wälder, kommt aber häufig auch in Gärten und an Hauswänden vor.

Kleiner Körper und unheimlich lange Beine – daran ist der Weberknecht gut zu erkennen.

Erstaunlich!

Einen Weberknecht darfst du nicht in ein Glas oder eine Becherlupe einsperren: Wenn er sich bedroht fühlt, sondert er ein stinkendes Sekret ab, damit würde er sich in einem geschlossenen Behältnis selbst betäuben. Außerdem brechen seine Beine rasch ab und zucken noch eine Weile, um Vögel und andere Fressfeinde zu verwirren. Dies ermöglicht dem Weberknecht die Flucht.

Der Weberknecht ist 3 bis 7 cm groß.

Der Weberknecht ist von Juni bis Dezember unterwegs.

| Feb | Mär | Apr | Mai | Jun | Jul | Aug | Sep | Okt | Nov | Dez |

Die Zecke

Der flache braune Körper mit acht schwarzen Beinen erinnert an einen Apfelkern. Junge Larven haben nur sechs Beine. Du erkennst das Weibchen am rotbraunen Hinterleib.

Wichtig zu wissen!

Wenn du querfeldein durch Wald und Wiese gezogen bist, suche sofort deinen ganzen Körper sorgfältig nach Zecken ab. Diese Tiere sitzen auf niedrigen Pflanzen und lassen sich von deiner Kleidung abstreifen. Dann suchen sie eine geeignete Stelle zum Blutsaugen. Wenn die Zecke ihren Rüssel in die Haut bohrt, betäubt sie die Stelle. Darum spürst du nichts.

Zeckenweibchen, vollgesogen

Vorsicht!

Grundsätzlich richtet ein Zeckenbiss keinen Schaden an. In manchen Regionen können aber gefährliche Krankheitserreger im Zeckenspeichel übertragen werden. Darum trage am besten lange T-Shirts und Hosen sowie geschlossene Schuhe, wenn du in Wald und Wiese unterwegs bist.

Zecken sind häufig und kommen in feuchten Wäldern und Wiesen, in Parks und Gärten vor.

Die Zecke ist 2 bis 4 mm, vollgesogen bis zu 1 cm lang.

Die Zecke ist von März bis Oktober unterwegs.

Spinnen, Asseln und Tausendfüßer

Die Kellerassel

Der dunkle ovale Körperpanzer besteht aus vielen Segmenten. Vorne erkennst du die langen gegliederten Fühler. Asseln besitzen sieben Laufbeinpaare.

Wichtig zu wissen!

Asseln sind keine Insekten und auch keine Spinnen, sondern Krebstiere. In den vorderen Beinen liegen Hohlräume, mit denen die Asseln Sauerstoff aus der Luft aufnehmen können. Die Weibchen besitzen am Bauch eine wassergefüllte Bruttasche, in der die Eier aufbewahrt werden und die Larven heranwachsen.

 Die Kellerassel lebt an feuchten, dunklen Plätzen in Siedlungen (dort zum Beispiel im Komposthaufen) und Laubwäldern. Sie hält sich versteckt unter Falllaub, Steinen oder loser Baumrinde auf.

Die Kellerassel ist 1,5 bis 1,8 cm lang.

Die Kellerassel ist das ganze Jahr über unterwegs.

| Feb | Mär | Apr | Mai | Jun | Jul | Aug | Sep | Okt | Nov | Dez |

Der Schnurfüßer

Wenn du ganz genau hinschaust, erkennst du, dass der braune bis schwarze runde Körper aus vielen Ringen besteht. Jeder Ring trägt zwei Beinpaare. Bei jeder Häutung kommt ein neuer Ring mit Beinen hinzu. Unsere längsten Tausendfüßer bestehen aus 70 Ringen.

Wichtig zu wissen!

Tausendfüßer fressen abgestorbene Pflanzenteile und die Reste toter Tiere. Wenn er sich bedroht fühlt, rollt er sich zu einer flachen Spirale zusammen. Er kann auch eine stinkende Flüssigkeit versprühen, die bei einigen der rund 50 heimischen Arten hochgiftige Blausäure enthält.

Der nachtaktive Schnur- oder Tausendfüßer lebt im Falllaub der Wälder und unter der losen Rinde von Bäumen. An Wald- und Wegrändern oder in Steinbrüchen hält er sich unter Steinen auf. Er kommt sehr häufig vor.

Schnurfüßer bewegen sich geradlinig fort.

Der Schnurfüßer ist bis zu 5 cm lang.

Der Schnurfüßer ist das ganze Jahr über unterwegs.

| Jan | Feb | Mär | Apr | Mai | Jun | Jul | Aug | Sep | Okt | Nov |

Spinnen, Asseln und Tausendfüßer

Der Steinläufer

Der rotbraune Körper ist sehr flach und besteht aus 15 Segmenten, die je ein Beinpaar tragen. Das letzte Beinpaar ist sehr lang. Hier sitzen Drüsen, die ein klebriges Sekret absondern. Damit „fesseln" die Steinläufer ihre Beute. Am Kopf sitzen lange Fühler.

Der Steinläufer kommt häufig an feuchten Stellen auf Wiesen und in Wäldern, Parks und Gärten vor. Tagsüber versteckt er sich in morschem Holz, unter Steinen oder Baumrinde.

Wichtig zu wissen!

Nachts geht der Steinläufer auf Jagd. Mit seinen langen Fühlern tastet er die Umgebung ab. Berührt er eine Assel, Insekt oder anderes Beutetier, beißt er sofort mit den kräftigen Giftklauen zu. Dann zerkleinert er die gelähmte Beute mit seinen Mundwerkzeugen und frisst sie auf.

Vorsicht!

Der Steinläufer kann wie alle Hundertfüßer schmerzhaft beißen.

Der Steinläufer ist 2 bis 4 cm lang.

Der Steinläufer ist das ganze Jahr über unterwegs.

| Feb | Mär | Apr | Mai | Jun | Jul | Aug | Sep | Okt | Nov | Dez |

So wirst du zum Insekten-Experten!

Hast du schon einmal einen Marienkäfer beobachtet, wie er eine Blattlaus erbeutet? Einer Raupe beim Fressen zugeschaut oder einer Spinne beim Jagen? Nein? Dann nichts wie raus. Insekten, Spinnen und andere Krabbeltiere leben überall und können ganz leicht entdeckt werden. Hast du eine Lupe oder Becherlupe zur Hand, kannst du sie noch besser betrachten.

Insekten findest du:

- auf Blüten, auf und unter Blättern sowie an Stängeln von Pflanzen
- im Falllaub auf dem Waldboden und zwischen den Pflanzen im Garten
- unter Steinen, Blumentöpfen und in anderen Verstecken.

Erstaunlich!
Bei uns leben über 30 000 verschiedene Insektenarten und über 850 verschiedene Spinnenarten!

Mit der Becherlupe kannst du die Tiere auch leicht fangen. Entweder hältst du die Becherlupe unter das Tier und rüttelst kurz an dem Pflanzenteil. Oder du stülpst die Becherlupe darüber und schiebst ein dünnes Blatt Papier zwischen Untergrund und Becherlupenrand – schon ist das Tier gefangen.

Wichtig zu wissen!
Sei aber vorsichtig. Insekten, Spinnen und andere Krabbeltiere sind kleine zarte Lebewesen. Wenn du grob mit ihnen umgehst, kannst du sie leicht verletzen oder gar töten. Das solltest du auf jeden Fall vermeiden. Fange oder fasse die Tiere stets sehr vorsichtig und schonend an. Und setze sie dann wieder unverletzt dort ab, wo du sie gefunden hast.

Geh immer behutsam mit Insekten um, hier einem Grünen Heupferd.

Expedition in die Natur 77

Mit einfachen Tricks kannst du Insekten anlocken.
Hier erfährst du, wie:

Mach mit!

Insekten stehen auf Gelb! Das hast du vielleicht schon erfahren, wenn du ein gelbes T-Shirt getragen hast – Mücken, Fliegen, Schmetterlinge und andere Insekten wurden magisch davon angezogen. Wenn du draußen ein gelbes Blatt Papier auslegst, lockt das viele Insekten an – die kannst du leicht beobachten. Lege das Blatt Papier an unterschiedlichen Stellen aus – im Garten, auf der Wiese, im Wald und beobachte, welche Insekten angelockt werden. Lass das Papier aber nicht draußen liegen, sondern nimm es wieder mit.

Mach mit!

Nachtfalter zu entdecken ist gar nicht so einfach. Die Hausmutter verirrt sich gern in beleuchtete Zimmer, andere Nachtfalter kannst du auch im Schein der Straßenlampen sehen. Für eine Lichtfalle im Garten hängst du eine brennende Taschenlampe mit einer Schnur an einem Ast auf. Dann spannst du ein weißes Tuch in den Lichtkegel der Taschenlampe. Dazu befestigst du das Tuch an den Ecken in den Ästen. Die Nachtfalter sammeln sich nun auf dem weißen Tuch. Beobachte sie. Wie viele verschiedene Nachtfalter kannst du entdecken? Kennst du ihre Namen? Mach dann die Taschenlampe wieder aus, damit die Nachtfalter wieder auf Nahrungs- oder Partnersuche gehen können.

Lichtfallen wie diese locken viele Nachtfalter an.

Vom Ei zum fertigen Insekt

Insekten schlüpfen nicht als fertige erwachsene Tiere aus dem Ei, sondern als Larve. Die Larve ist zunächst sehr klein und muss ständig fressen. Um zu wachsen, muss sie sich immer wieder häuten. Bei der Häutung wird die alte Larvenhaut abgestriffen, die neue schwillt an und die größer gewordene Larve frisst weiter.

Es gibt zwei verschiedene Möglichkeiten, wie aus der Larve ein erwachsenes Insekt wird. Biologen nennen die Entwicklung der Insekten Verwandlung oder Metamorphose.

Wichtig zu wissen!

Die Larven der Insekten sehen verschieden aus und haben auch unterschiedliche Namen.

- **Raupen:** So heißen die Larven der Schmetterlinge. Sie besitzen kräftige Mundwerkzeuge und Beine und suchen sich ihre Nahrung selbst.
- **Maden:** So heißen die beinlosen weißen Larven der Fliegen und Wespen. Sie liegen bewegungslos in ihrer Nahrung (Dung zum Beispiel) oder werden von Arbeiterinnen gefüttert.
- **Engerlinge:** So heißen die weißen Larven der Blatthornkäfer (zum Beispiel Maikäfer, Junikäfer), die halbkreisförmig eingerollt im Erdboden liegen.

Made

Schau genau!

Bei den Feuerwanzen kannst du die unvollständige Verwandlung sehr gut beobachten. Wenn du im Sommer eine Kolonie dieser Wanzen entdeckt hast, fällt dir auf, dass die Tiere unterschiedlich groß sind. Auch das rot-schwarze Muster auf ihrem Körper wandelt sich von Häutung zu Häutung.

Die unvollständige Verwandlung
Bei Libellen, Wanzen, Heuschrecken und Eintagsfliegen wird die Larve von Häutung zu Häutung dem erwachsenen Tier ähnlicher. Mit der letzten Häutung erscheinen die Flügel und die Geschlechtsorgane.

Die vollständige Verwandlung
Schmetterlinge, Käfer, Bienen, Wespen, Hummeln und Ameisen sowie Zweiflügler wie Mücken und Fliegen machen eine vollständige

Verwandlung durch. Die Larve wird nicht mit jeder Häutung dem erwachsenen Insekt ähnlicher, sondern legt am Ende der Larvenentwicklung eine Umbauphase ein. Das ist das Puppenstadium. In der Puppe ruht die Larve, denn ihr Körper wird nun zum fertigen Insekt umgebaut.

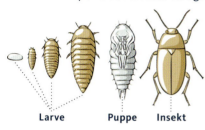

Larve   Puppe   Insekt

Mach mit!

Ab Mai findest du die schwarzen Raupen vom Kleinen Fuchs und Tagpfauenauge auf den Brennnesseln. Pflücke einen Brennnesselzweig mit zwei oder drei Raupen und stelle den Zweig ins Wasser in einem Terrarium. Verschließe das Wasserglas mit Watte, damit keine Raupe ins Wasser fallen kann. Dann stellst du es an einen hellen, aber nicht sonnigen Platz. Pflücke täglich neue Brennnesselzweige, damit die Raupen immer genügend zu fressen haben. Wenn die Raupen auf die frischen Blätter gewandert sind, entfernst du die alten Zweige. Nun kannst du beobachten, wie die Raupen fressen, mit jeder Häutung größer werden und sich eines Tages verpuppen. Zwei Wochen später schlüpfen die Schmetterlinge, die du dann natürlich sofort nach draußen in die Freiheit entlässt.

Erstaunlich!

Bei vielen Insekten dauert das Larvenstadium viel länger als ihr Leben als fertiges Insekt. Beim Hirschkäfer zum Beispiel, dem größten heimischen Käfer, braucht die Larve sieben Jahre, bis sie sich verpuppen kann. Die erwachsenen Hirschkäfer leben dann nur wenige Monate. Bei den Eintagsfliegen dauert das Leben als Larve zwei Jahre und das als fertiges Insekt sogar nur zwei bis vier Tage. Viele erwachsene Insekten nehmen keine Nahrung mehr zu sich, alle erwachsenen Insekten wachsen nicht mehr. Ihre Aufgabe ist es, einen Partner zu finden, sich zu paaren und Eier zu legen.

Insekten im Wasser

An und in Bächen und Flüssen, Teichen und Seen wimmelt es nur so von Insekten. Libellen schießen pfeilschnell am Ufer hin und her, Wasserläufer schlittern wie Eiskunstläufer auf der Wasseroberfläche, an deren Unterseite die Larven und Puppen der Stechmücken mit ihren Atemschnorcheln hängen, und am Gewässergrund gehen Köcherfliegenlarven auf Nahrungssuche. Diese Insekten hast du schon in diesem Buch kennengelernt.

Im Wasser leben aber noch viel mehr Insekten. Gegen Abend kannst du auf der Wasseroberfläche eines Naturteichs kleine schwarze Käfer entdecken, die in Kreisen und Spiralen darauf umhersausen. Das sind die 5 mm großen Taumelkäfer. Sie können dank geteilter Augen gleichzeitig unter und über Wasser sehen.

Taumelkäfer

In Tümpeln und Teichen gehen verschiedene Schwimmkäfer tauchend auf Jagd nach Kaulquappen und anderen kleinen Wassertieren: Der bekannteste ist der etwa 3,5 cm große Gelbrandkäfer, der ähnliche Furchenschwimmer ist nur halb so groß. Zum Luftholen müssen beide Käfer auftauchen.

Mach mit!

Mit einem Kescher oder einem Insektennetz kannst du ganz vorsichtig Wassertiere aus dem Wasser holen. Stell dazu am Ufer einen (durchsichtigen) Eimer mit Wasser bereit, damit du die gefangenen Tiere gleich wieder zurück ins Wasser setzen kannst. Der Eimer sollte im Schatten stehen, damit sich das Wasser während deiner Beobachtungen nicht erwärmt. Dann setz die Tiere wieder wohlbehalten in das Gewässer zurück. Dreh auch die großen Schwimmblätter der See- und Teichrosen um – auf der Unterseite sitzen gern verschiedene Wassertiere.

Gelbrandkäfer

Zahlreiche Wanzen haben sich auf das Leben im Wasser spezialisiert: Zwischen Wasserpflanzen lauert der 2 cm lange Wasserskorpion auf Beute, ebenso der etwas kleinere Rückenschwimmer, der stets in Rückenlage schwimmt. Beide können mit ihrem Rüssel schmerzhaft stechen. Auch die 4 cm lange Stabwanze, deren Körper an eine Stabheuschrecke erinnert, ist ein Lauerjäger in wasserpflanzenreichen Uferregionen von Seen.

Erstaunlich!

Der weißlich braune Laichkraut-Zünsler ist einer der wenigen Schmetterlinge der Erde, dessen Raupen unter Wasser leben. Sie bauen sich aus zwei Blattstückchen ein kleines Gehäuse, in dem sie gut getarnt auf der Unterseite von Laichkraut- und Seerosenblättern umherziehen und von den Blättern fressen.

Wichtig zu wissen!

Am Grund von Teichen und Seen leben die Larven der Libellen. Diese immer hungrigen Räuber besitzen eine raffinierte Fangmaske, mit der sie blitzschnell Kaulquappen, kleine Fische und andere Beute packen. Libellenlarven leben ein bis drei Jahre im Wasser. Dann kriechen sie an einem Schilfstängel aus dem Wasser und krallen sich am Halm fest: Die Larvenhaut platzt auf und die Libelle kriecht heraus. Die leeren Larvenhüllen kannst du an den Schilfhalmen entdecken – und für deine Tierspurensammlung mitnehmen.

❶ Eiablage im Wasser

❷ Larve am Gewässergrund

❸ Die Libelle schlüpft

Den Spinnen auf der Spur

Alle Spinnen sind Jäger, die Insekten und andere kleine Krabbeltiere erbeuten. Damit sie sich nicht gegenseitig in die Quere kommen, haben Spinnen viele verschiedene Jagdstrategien für den Beutefang entwickelt – und dabei auch viele verschiedene Lebensräume besetzt. Am auffallendsten sind die Spinnen, die wie die Kreuzspinne wunderschöne Radnetze spinnen. Es gibt aber noch viele andere Netztypen (siehe Mach mit!), in deren klebrigen Fangfäden Fliegen, Mücken, Käfer, Schmetterlinge, Bienen und Wespen hängen bleiben. Wolfspinnen, Springspinnen und Krabbenspinnen jagen ohne Netz. Sie lauern ihrer Beute am Boden, an Felsen und Wänden oder sogar getarnt auf Blüten auf. Dabei überwältigen sie sogar Insekten und andere Krabbeltiere, die viel größer als sie selbst sind.

Krabbenspinne

Schau genau!

Auf der Unterseite am Hinterleibsende von Kreuz- und anderen netzbauenden Spinnen erkennst du die Spinnwarzen. Wenn du beobachten willst, wie sie einen Faden spinnen, so halte nach einer netzbauenden Kreuzspinne Ausschau. Abends hast du am meisten Glück, denn dann ist für sie meist Netzbauzeit. Eine Kreuzspinne braucht etwa 45 Minuten, um ein neues Netz zu bauen.

Erstaunlich!

Überall auf der ganzen Erde gibt es Spinnen, selbst auf den entlegendsten Inseln. Sie gelangen dorthin als winzige Jungspinnen, die an einem selbst gesponnenen Faden hängend auf Weltreise gehen. Fliegend überqueren sie die Weltmeere, geraten in Wüsten, Regenwälder und die unwirtlichen Polarregionen (wo sie dann aber erfrieren oder mangels Insektenbeute verhungern). Spinnen wurden sogar schon an Flugzeugen in über 10 000 m Höhe entdeckt.

Expedition in die Natur : 83

Mach mit!

Viele Spinnen fangen ihre Beute mit einem Netz aus selbst gesponnenen Spinnfäden. Diese Netze findest du am besten mit einer Sprühflasche: Besprühe Sträucher, Hecken und Pflanzen im Garten oder am Weg- und Waldrand, Wiesen- und Rasenflächen oder den Boden unter Pflanzen mit dem Wasser aus deiner Sprühflasche. So machst du die feinen Netze sichtbar. Versuche herauszufinden, welche Spinne sie gebaut hat.

- Radnetze: Kreuzspinnen, Wespenspinnen, Kreisspinnen, Streckerspinnen und Herbstspinnen
- Dreieckiges Netz: Dreiecksspinne
- Trichternetz am Boden: Trichterspinne
- Baldachinförmige Netze: Baldachinspinne
- Haubennetz: Kugelspinnen
- Röhrennetz: Tapezierspinne

Am Gewässerufer gehen Listspinnen auf die Jagd. Sie können sogar auf der Wasseroberfläche laufen und Insekten erbeuten, die darauf gefallen sind. Die einzige Unterwasserjägerin der Erde ist die Wasserspinne.

Erstaunlich!

In unseren Gewässern lebt die einzige Spinnenart der Erde, die ständig unter Wasser lebt. Die Wasserspinne baut an einem Wasserpflanzenstängel mithilfe eines selbst gesponnenen Netzes eine luftgefüllte Taucherglocke, in die sie immer wieder Luft von der Wasseroberfläche transportiert. In dieser Luftglocke frisst sie erbeutete Wassertiere, häutet sich, paart sich und legt ihre Eier ab.

Radnetz einer Kreuzspinne

Bunte Käfervielfalt

Käfer sind die erfolgreichste und artenreichste Tiergruppe der Erde! Über 500 000 verschiedene Arten in einer enormen Formen- und Farbenfülle gibt es weltweit und davon über 8 000 bei uns. Käfer konnten sich dank ihres stark gepanzerten Körpers, bei dem die zarten Flügel durch harte Flügeldecken geschützt sind, an fast jeden Lebensraum der Erde anpassen. Mit ihren kräftigen und vielfältigen Mundwerkzeugen haben sie sich jede nur erdenkliche Nahrungsquelle von lebenden bis toten, pflanzlichen bis tierischen Lebewesen erschlossen.

Mach mit!

Entdecke so viele verschiedene Käfer wie möglich. Suche dazu deinen Garten, den nächstgelegenen Park und Wald oder Wiesenflächen ab. Schaue auf dem Boden, auf Blumen, Sträuchern und Bäumen, im Fallaub und morschen Holz nach. Kannst du bestimmen, welche Arten du entdeckt hast?

Dein Käfer-ABC

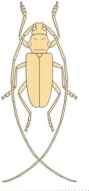

Blattkäfer: Käfer mit hochgewölbtem Körper und fadenförmigen Fühlern, bei uns etwa 600 Arten

Blatthornkäfer: robuste Käfer mit fächerförmigen Fühlerenden, bei uns etwa 200 Arten

Bockkäfer: oft prächtig gefärbte Käfer mit langen bis sehr langen Fühlern, bei uns etwa 200 Arten

Borkenkäfer: kleine Käfer, deren Larven sich in Holz oder unter Rinde entwickeln, bei uns etwa 120 Arten

Buntkäfer: auffällig bunte Käfer, bei uns etwa 30 Arten

Expedition in die Natur : 85

Schau genau!

Suche im Wald nach losen Rindenstücken. Du findest sie zum Beispiel am Wegrand, wenn dort gefällte Baumstämme liegen. Schau dir die Innenseite der Rindenstücke an – vielleicht entdeckst du dort die dunklen Fraßgänge von Borkenkäferlarven. Anhand des Musters kannst du sogar herausfinden, welche Art dort geknabbert hat.

Erstaunlich!

Die Anzahl der Punkte auf dem Körper eines Marienkäfers zeigt nicht dessen Alter an. Vielmehr besitzt jede der rund 80 verschiedenen heimischen Marienkäferarten ein typisches Punktmuster. Da gibt es neben dem bekanntesten Siebenpunkt auch den Zweipunkt oder den 22-Punkt. Die Farben der Marienkäfer sind rot-schwarz oder gelb-schwarz.

Kurzflügler: schlanker Körper mit ganz kurzen Flügeldecken, bei uns rund 1400 Arten

Laufkäfer: räuberische Käfer, die am Boden auf Jagd gehen, bei uns etwa 500 Arten

Marienkäfer: halbkugelige Käfer, die meist Läuse fressen, bei uns etwa 80 Arten

Rüsselkäfer: Käfer mit sehr langen Rüsseln, mit denen sie vor allem an Pflanzen saugen, bei uns etwa 640 Arten

Schwimm- und Wasserkäfer: leben im Wasser, haben einen stromlinienförmigen Körper und mit langen Schwimmborsten besetzte Fußglieder, bei uns etwa 260 Arten

Expedition in die Natur

Mein Insektenhotel

In unserer Natur gibt es immer weniger Nistmöglichkeiten, Schlaf- und Winterquartiere für Insekten. Genau dieses bietet ein Insektenhotel, das du ganz leicht aus Loch- und Gitterziegeln, Blumentöpfen, Pflanzenstängeln, Holz und Lehm bauen kannst.

In den Löchern in Lehm und Halmen können Insektenlarven heranwachsen.

So baust du ein Wildbienenhotel

Gib feuchten Sand in einen hohen Tontopf ❶ und streiche die Oberfläche glatt ❷. Dann bohrst du mit einem Stöckchen Löcher vor ❸ und steckst abgeschnittene Schilf- oder Bambushalme hinein, die etwa 10 cm lang sind ❹.

Dein Insektenhotel stellst du waagerecht an einem warmen, wind- und regengeschützten Platz im Garten auf. Ein kleines Dächlein dient als Regen- und Sonnenschutz.

Expedition in die Natur | 87

Mach mit!

Mein Schmetterlingsbeet: Auf diesem Beet wachsen ganz viele Pflanzen mit nektarreichen Blüten, an denen verschiedene Schmetterlinge saugen. Dazu gehören Sommerflieder (Schmetterlingsstrauch, *Buddleja davidii*), Wasserdost, Katzenminze, Sonnenhut, Oregano und Prachtscharte. In manchen Gärtnereien und Gartencentern werden auch komplette Pflanzenpakete für ein Schmetterlingsbeet angeboten – diese Pflanzen passen natürlich auch auf dein Beet. Weil Schmetterlinge nicht nur Süßes, sondern auch Salziges brauchen, biete ihnen auch einen Salzstein auf einem Tellerchen an. Regenschutz nicht vergessen!

Mach mit!

Dein Florfliegen-Winterhotel: Die Larven der Florfliegen sind eifrige Blattlausjäger. Den hübschen Florfliegen bietest du eine Unterkunft für den Winter an, wenn du ein Holzkästchen rostrot anmalst und dann mit Weizenstroh füllst. Dann hängst du im Spätsommer das Florfliegenhotel mit der Öffnung nach vorne in 1,5 bis 2 m Höhe in einem Obstbaum oder an einer Mauer auf.

Wildbienen nehmen so ein schönes Hotel gerne an.

Mach mit!

Dein Marienkäfer-Winterhotel: Marienkäfer überwintern als fertige Käfer an geschützten, frostfreien Stellen oder in deinem Winterhotel: Bohre dazu in einen Nistkasten mehrere Einschlupflöcher mit einem Durchmesser von etwa 8 mm. Dann füllst du das Innere des Kastens mit Holzwolle und stellst das Marienkäferhotel an einen sonnigen Platz im Freien. Das kann zum Beispiel direkt bei einer Pflanze sein, an der du viele Blattläuse entdeckt hast.

Expedition in die Natur

Insektenstaaten

Heuschrecken, Libellen, Schmetterlinge und viele Insekten legen ihre Eier einfach dort ab, wo die Larven Nahrung finden. Dann überlassen sie die Eier sich selbst. Manche Insekten kümmern sich aber auch um den Nachwuchs. Ohrwurmweibchen zum Beispiel bewachen und säubern ihre Eier, die sie in Erdspalten ablegen, und verteidigen sie sogar gegen Räuber. Mistkäfer (siehe Seite 32) und Totengräber, zwei heimische Käferarten, vergraben Kot oder tote Tiere (wie Mäuse) im Erdboden, auf die sie ihre Eier legen, und schaffen so ein Schlemmerparadies für die Larven. Totengräberweibchen warten sogar darauf, bis die Larven schlüpfen und füttern sie an den ersten Lebenstagen.

Die höchstentwickelte Form von Fürsorge für die Brut haben Wespen, Bienen, Hummeln, Hornissen und Ameisen entwickelt. Sie leben in einem Insektenstaat, der bestens organisiert ist. Diese Staaten sind unterschiedlich groß, manche bestehen nur aus wenigen Hundert Tieren, andere wie die mancher Ameisen aus mehreren Millionen. In allen Staaten leben eine oder mehrere Königinnen und viele Arbeiterinnen. Nur am Hochzeitsflug, auf dem die jungen Königinnen befruchtet werden, gibt es im Insektenstaat auch Männchen.

Königin

Arbeiterin mit Eiern

Erstaunlich!

Obwohl eine einzelne Ameise nicht besonders intelligent ist, leisten sie gemeinsam Erstaunliches: Es wurde schon beobachtet, dass Ameisen aus ihren Körpern lebende Brücken gebaut haben, um einen Bach zu überqueren. Ein Nest, das überschwemmt wurde, haben Ameisen auf raffinierte Weise trockengelegt: Die Arbeiterinnen haben das Wasser im Nest getrunken und es außerhalb des Nests dann wieder ausgespuckt.

Expedition in die Natur

Erstaunlich!

Bei den Honigbienen übernimmt jede Biene im Lauf ihres Lebens verschiedene Tätigkeiten im Stock.
Der Arbeitsplan einer Biene sieht so aus:

- Tag 1 bis 4: Zellen reinigen für neue Eier, viele Pausen
- Tag 5 bis 10: Bienenlarven füttern
- Tag 9 oder 10: erster kurzer Orientierungsflug in der näheren Umgebung des Bienenstocks
- Tag 11 bis 18: Wachs ausschwitzen und Bienenwaben bauen, Nektar in Vorratszellen füllen, Stock putzen, tote Artgenossinnen aus dem Stock schaffen
- Tag 19 bis 20: den Eingang bewachen
- Tag 21 bis 35 (Tod): draußen Nektar und Pollen sammeln, bei schlechtem Wetter im Stock arbeiten

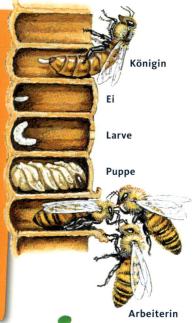

Königin

Ei

Larve

Puppe

Arbeiterin

Schau genau!

Nur die Arbeiterinnen bei Bienen, Hummeln, Hornissen und Wespen können stechen. Bei ihnen ist der Legeapparat, mit dem die Königin ihre Eier legt, zu einem Stachel mit Giftdrüsen umgebaut. Darum können Königinnen nicht stechen.

Wichtig zu wissen!

Wie in einer Stadt teilen sich die Insekten in einem Insektenstaat die anstehenden Aufgaben. So legt die Königin nur Eier und wird dafür von Arbeiterinnen mit Nahrung versorgt. Andere Arbeiterinnen versorgen die Eier und Larven, andere suchen Nahrung und schaffen sie in die Vorratslager im Bau. Andere wiederum bringen Abfälle und tote Artgenossen aus dem Bau, reparieren, vergrößern oder bauen das Nest. Auch an den Eingängen wachen Arbeiterinnen – sie sorgen dafür, dass nur zum Staat gehörende Tiere in den Bau hineingelangen, und verjagen Fremde.

Rekorde im Insektenreich

Insekten sind älter als Dinosaurier und die erfolgreichste Tiergruppe auf der Erde: Mindestens vier von fünf Tierarten sind Insekten, die auch noch alle Lebensräume von Wüste bis Regenwald und von der Antarktis bis in die Hochgebirge erobert haben. Selbst mitten auf dem Ozean sind Meerwasserläufer zu Hause. Kein Wunder, dass Insekten jede Menge Rekorde halten.

Erstaunlich!

Mit einer Körperlänge von 7,5 cm ist der Hirschkäfer der größte und schwerste heimische Käfer. Das Männchen besitzt große Oberkiefer, die wie ein Hirschgeweih aussehen. Mit ihnen kann er zwar mit anderen Männchen kämpfen, aber nicht mehr Nahrung zerkleinern. Er besitzt eine kleine pinselförmige Zunge zum Auflecken süßer Baumsäfte.

Hier ein paar Rekorde aus dem Insektenreich:

Vor rund 300 Millionen Jahren am Ende der Karbonzeit lebte bei uns die Meganeura-Libelle. Ihre Flügel hatten eine Spannweite von 70 cm – das ist so viel wie die Flügelspannweite einer Straßentaube. Heute gibt es keine so großen Insekten mehr. **Die größte heimische Libelle ist die Große Königslibelle** mit einer Flügelspannweite von 10 cm, die auch noch einen weiteren Rekord hält: Sie besitzt rund 40 000 Einzelaugen – so viel wie kein anderes heimisches Tier.

Große Königslibelle

Kein Insekt auf der ganzen Erde kann so viel tragen wie der heimische Nashornkäfer. Er ist der Weltmeister im Gewichtheben. Ohne Probleme schleppt dieser Käfer das bis zu 850-Fache seines Körpergewichts. Wären Menschen so stark wie er, könnte ein Gewichtheber zwölf Afrikanische Elefanten hochheben.

Nashornkäfer

Expedition in die Natur · 91

Riesenbockkäfer

Bei den Käfern gibt es gleich zwei Meister, die sich den Titel größter Käfer der Erde teilen. Das ist zum einen der 17 cm lange Herkuleskäfer mit einer Flügelspannweite von 22 cm, zum anderen der ebenso lange Riesenbockkäfer, beide stammen aus den Regenwäldern Mittel- und Südamerikas. Auch die Larven dieser Riesenkäfer haben gigantische Ausmaße: Die Herkuleskäferlarve wiegt bei einer Länge von 20 cm so viel wie eine Tafel Schokolade, die Larve des Riesenbockkäfers misst sogar 25 cm.

Das längste Insekt der Erde ist die Riesenstabheuschrecke, die mit 57 cm so lang wie ein Regenschirmstock ist. Sie lebt auf der tropischen Insel Borneo und sieht aus wie ein Bambuszweig. Das kleinste Insekt der Erde ist nur so groß wie ein Bleistiftpunkt: Die Zwergwespe *Dicopomorpha* lebt in Costa Rica. Erwachsene Wespen fressen nichts mehr, deren Larven ernähren sich von den Eiern und Larven der Staubläuse.

Riesenstabheuschrecke

Erstaunlich!

Weitsprungmeister ist der Floh. Aus dem Stand hüpft er 50 cm weit. Wenn du so weit springen wolltest wie ein Floh, müsstest du mit einem Satz drei Fußballfelder der Länge nach überspringen und dabei auch noch eine Höhe von 190 m erreichen – das ist so hoch wie ein Gebäude mit 50 Stockwerken.

92 Register

Schnelle Suche mit Stichwörtern

A

Admiral 12
Ameise 47, 48

B

Bläuling 17
Blattlaus 65
Blattschneiderbiene 44
Blutströpfchen 18

D

Distelfalter 13
Dörrobstmotte 23

E

Eichengallwespe 42
Eichen-Prozessionsspinner 21
Eintagsfliege 61
Erdhummel 43
Essigfliege 54

F

Feuerwanze 39
Florfliege 63
Fruchtfliege 54
Fuchs, Kleiner 11

G

Gammaeule 22
Gartenkreuzspinne 67

Glühwürmchen 29
Goldlaufkäfer 27
Grashüpfer 58
Grüne Stinkwanze 38
Grünes Heupferd 59

H

Haselnussbohrer 36
Hauhechel-Bläuling 17
Hausmutter 20
Hausspinne 68
Heupferd 59
Hirschlausfliege 56
Honigbiene 46
Hornisse 40
Hufeisen-Azurjungfer 26
Hundertfüßer 75

I

Insektenhotel 45, 86, 87

J

Junikäfer 33

K

Kaisermantel 14
Käfer-ABC 84, 85
Kellerassel 73
Kleidermotte 23

Register 93

Kleiner Fuchs 11
Köcherfliege 62
Kohlweißling 15
Kreuzspinne 67

L
Lichtfalle 77

M
Maikäfer 33
Marienkäfer 31
Mauerbiene, Rote 45
Mistbiene 53
Mistkäfer 32
Moderkäfer, Schwarzer 28
Mosaikjungfer, Blaugrüne 24

O
Ohrwurm 64

P
Plattbauchlibelle 25

R
Rosenkäfer 34
Rote Mauerbiene 45
Rothalsbockkäfer 35

S
Schnake 50
Schnurfüßer 74
Schwarzer Moderkäfer 28
Schwebfliege 52

Sechsfleck-Widderchen 18
Siebenpunkt-Marienkäfer 31
Silberfischchen 57
Stechmücke 49
Steinläufer 75
Stinkwanze, Grüne 38
Stubenfliege 55

T
Tagpfauenauge 10
Taubenschwänzchen 19
Taufliege 54
Tausendfüßer 74

W
Waldameise 47
Waldmistkäfer 32
Wasserläufer 37
Weberknecht 71
Wegameise 48
Weichkäfer, Rotgelber 30
Wespe 41
Widderchen 18
Wiesenschaumzikade 60
Wolfspinne 69
Wollschweber 51

Z
Zebra-Springspinne 70
Zecke 72
Zitronenfalter 16
Zitterspinne 66

Spannende Reisen in die Natur

Holger Haag
Mein erstes Welches Tier ist das?
€/D 7,99

Kennst du die Tiere in deiner Umgebung? Dieser Naturführer stellt die 66 wichtigsten einheimischen Tiere vor. Mit naturgetreuen Farbzeichnungen und Kapiteleinteilung nach Lebensraum fällt es leicht, das Tier wiederzuerkennen. Zusätzlich erhältst du nützliche Tipps & Tricks rund ums Beobachten, Bestimmen und Spurenlesen.

Je 96 Seiten, zahlreiche Abbildungen
Je €/D 7,95

Anita van Saan
Mein erstes Unterwegs auf Spurensuche
96 S., ca. 300 Abb., €/D 12,99

Einen Dachs bei der Futtersuche, eine Rosengallwespe beim Schlüpfen oder eine Weinbergschnecke bei der Eiablage beobachten? Mit den richtigen Tipps und Tricks kannst du diese und viele andere Entdeckungen machen. Mit diesem Buch bist du für Expeditionen in die Natur bestens ausgerüstet und wirst ganz schnell zum perfekten Fährtenleser!

kosmos.de   Preisänderungen vorbehalten

Ilka Sokolowski
Mein erstes Mit Lupe und Fernglas unterwegs
96 S., ca. 200 Abb., €/D 12,95

Die Natur hat viele Geheimnisse. Hast du dir schon mal einen Grashüpfer aus der Nähe angeschaut? Es gibt so vieles zu entdecken, wenn du mit Lupe oder Fernglas unterwegs bist. 50 Tiere und Pflanzen werden dir hier vorgestellt. Wo du sie findest, wie du sie am besten beobachten kannst und was du alles über sie wissen musst – bei deiner Erlebnistour in der Natur bleibt keine Frage offen.

Susanne Rebscher
Mein erstes Was krabbelt denn da?
Spiel- und Rätselheft

Buchstabensuchsel, Quizfragen, Bilderrätsel, spannende Kriminalgeschichten und Ausmalseiten – alles für das große Rätselraten rund um die interessanten Themen!

Je 32 Seiten, farbig bebildert
Je €/D 5,99

Erdhummel
Seite 43

Blattschneiderbiene
Seite 44

Rote Mauerbiene
Seite 45

Stechmücke
Seite 49

Schnake
Seite 50

Wollschweber
Seite 51

Stubenfliege
Seite 55

Hirschlausfliege
Seite 56

Heuschrecken, Ohrwürmer und Silberfischchen →

Wiesenschaumzikade
Seite 60

Eintagsfliege
Seite 61

Köcherfliege
Seite 62

Spinnen, Asseln und Tausendfüßer →

Zitterspinne
Seite 66

Kreuzspinne
Seite 67

Weberknecht
Seite 71

Zecke
Seite 72

Kellerassel
Seite 73